# GHIDUL ESENȚIAL DE ALIMENTE DE CONFORT ASIATIC

100 de arome care satisfac sufletul din inima bucătăriei asiatice confortabile

Bratosin Pavel

Material cu drepturi de autor ©2023

Toate drepturile rezervate

Nicio parte a acestei cărți nu poate fi utilizată sau transmisă sub nicio formă sau prin orice mijloc fără acordul scris corespunzător al editorului și al proprietarului drepturilor de autor, cu excepția citatelor scurte utilizate într-o recenzie. Această carte nu trebuie considerată un substitut pentru sfaturi medicale, juridice sau alte sfaturi profesionale.

# CUPRINS

**CUPRINS** .................................................................................. 3
**INTRODUCERE** ........................................................................ 6
**HRANA COREEANA DE CONFORT** ........................................ 7
   1. Hotteok cu legume si taitei ................................................. 8
   2. Pâine cu ou ......................................................................... 11
   3. Tort de orez fierbinte si picant ........................................... 13
   4. Clătite coreean-americane cu fructe de mare .................... 15
   5. Sandwich Bulgolgi vegan ................................................... 18
   6. Tort coreean cu bacon și ouă ............................................. 20
   7. Orez cu curry coreean ....................................................... 22
   8. Rulă de ouă de zebră ........................................................ 24
   9. Prăjituri cu nucă din plită coreeană ................................... 26
   10. Street Toast Sandwich ..................................................... 28
   11. Legume prăjite ................................................................. 30
**ALIMENTARE TAIWANESEZĂ CONFORTĂ** .......................... 33
   12. Tempura de pește din Taiwan ......................................... 34
   13. Bile de pește Tamsui ....................................................... 36
   14. Tofu imputit .................................................................... 38
   15. Chiftele taiwaneze .......................................................... 40
   16. Ciuperci popcorn din Taiwan .......................................... 43
   17. Pui cu popcorn din Taiwan .............................................. 45
   18. Bile de Taro ..................................................................... 47
   19. Ciuperci prăjite ............................................................... 49
   20. Calamar la gratar ............................................................ 51
   21. Carne de porc măcinată taiwaneză și castraveți murați ... 53
   22. Orez de porc înăbușit din Taiwan ................................... 55
   23. Tocană de pui cu ulei de susan taiwanez ....................... 57
   24. Găluște taiwaneze .......................................................... 59
   25. Pui cu trei cești în stil taiwanez ...................................... 61
   26. Cotlete de porc taiwaneze .............................................. 63
   27. Cuburi de vită la grătar la flacără ................................... 65
   28. Bol de orez cu carne de porc înăbușită din Taiwan ........ 67
   29. Cârnați de orez taiwanez ................................................ 69
   30. Jerky de porc în stil taiwanez ......................................... 71
   31. Rulo de orez taiwanez .................................................... 73
**MÂNCARE JAPONEZĂ CONFORTĂ** ...................................... 75
   32. Tofu în sos de piper negru .............................................. 76
   33. Agedashi Tofu ................................................................. 78
   34. Orez shiso susan ............................................................ 80
   35. Salată japoneză de cartofi ............................................. 82
   36. Natto ............................................................................... 84

37. Nasu Dengaku .................................................................................. 86
38. Tigaie cu tăiței Ramen cu friptură ............................................. 88
39. Cheesy Ramen Carbonara .......................................................... 90
40. Patru - Ingrediente ramen .........................................................92
41. lasagna ramen ............................................................................. 94
42. Cotlet de porc fierbinte Ramen ................................................. 96
43. Porc Miso și Ramen ..................................................................... 98
44. Pui la cuptor Katsu ................................................................... 100
45. Curry de vită măcinat Hayashi ................................................ 102
46. Pui Teriyaki................................................................................. 104
47. Bol japonez cu somon ............................................................... 106
48. Pui în oală/Mizutaki .................................................................. 108
49. Biban japonez de ghimbir ........................................................ 110
50. teriyaki fantezist japonez ........................................................ 112

## MÂNCARE INDIANĂ DE CONFORT ...................................... 114

51. Bol cu orez Tikka cu pui ............................................................115
52. Bol cu orez brun cu curry ........................................................117
53. Bol cu orez cu brânză ...............................................................119
54. Bol de orez indian cu curry de oaie .......................................121
55. Bol indian cu curry cremos ......................................................123
56. Bol cu orez indian cu lămâie ...................................................125
57. Bol indian Buddha de conopidă ..............................................127
58. Bol de linte indiană la grătar ..................................................129

## ALIMENTARE CHINEZĂ CONFORTĂ............................................ 131

59. Orez prăjit cu pui chinezesc ....................................................132
60. Bol cu legume picant ................................................................135
61. Bol chinezesc pentru curcan măcinat ....................................137
62. Boluri de orez cu carne de vită măcinată .............................139
63. Bol cu orez crocant....................................................................141
64. Bol de orez lipicios savuros .....................................................143
65. Bol de vită Hoisin .......................................................................145
66. Bol cu orez cu carne de porc și ghimbir ................................147
67. Poke Bowl vegan cu sos de susan ...........................................149
68. Bol cu orez cu pui cu chili ........................................................151
69. Tofu Buddha Bowl .....................................................................153
70. Dan Rice Bowl ............................................................................155
71. Bol de orez cu pui măcinat ......................................................157
72. Bol cu tăiței cu lămâie ..............................................................159
73. Bol cu orez cu pui cu usturoi și soia ......................................161

## HRANA VIETNAMEZA DE CONFORT................................................ 163

74. Bol de orez Banh Mi...................................................................164
75. Carne de vită și orez crocant ..................................................166
76. Bol cu orez cu pui și Sirarcha ..................................................168

77. Bol cu tăiței de vită cu iarbă de lămâie .................................. 170
78. Bol cu orez glazurat cu pui .................................................. 172
79. Usturoi Creveți Vermicelli ................................................... 174
80. Bol cu găluște de pui cu tăiței ............................................. 176
81. Bol cu orez cu pui ............................................................. 178
82. Bol cu orez picant cu carne de vită ...................................... 180
83. Bol cu pui caramelizat ....................................................... 182

## MÂNCARE TAILANDEZĂ CONFORTĂ .................................. 184
84. Thai Arahide Cocos Conopida Naut Curry ........................... 185
85. Dovlecei prăjiți și ouă ....................................................... 187
86. Veggie Pad Thai ............................................................... 189
87. Cartofi zdrobiți cu Chile în stil thailandez ............................ 191
88. Spaghetti Squash Pad Thai ................................................ 193
89. Galuste aburite cu ciuperci Shiitake .................................... 196
90. Thai Tofu Satay ................................................................ 199
91. Taitei Thai prajiti cu legume .............................................. 202
92. Taitei de orez thailandez cu busuioc ................................... 205
93. Orez prajit cu ananas ....................................................... 207
94. Orez thailandez cu nucă de cocos ...................................... 209
95. Orez galben thailandez ..................................................... 211
96. Vinete prajite .................................................................. 213
97. Verzi prajite thailandeze ................................................... 216
98. Spanac thailandez prăjit cu usturoi și alune ........................ 218
99. Soia thailandeză în cupe de varză ..................................... 220
100. Cartofi dulci la cuptor thailandez și Ube ............................ 222

## CONCLUZIE ................................................................ 224

# INTRODUCERE

Bine ați venit la „GHIDUL ESENȚIAL DE ALIMENTE DE CONFORT ASIATIC", pașaportul dumneavoastră către 100 de arome care vă mulțumesc sufletul din inima bucătăriei asiatice de confort. Acest ghid este o sărbătoare a tradițiilor culinare bogate, reconfortante și diverse care definesc alimentele reconfortante din Asia. Alăturați-vă nouă într-o călătorie care merge dincolo de familiar, invitându-vă să explorați căldura, nostalgia și bucuria care vin cu fiecare fel de mâncare.

Imaginați-vă o bucătărie plină de arome îmbietoare ale bulionului fierbinte, condimentelor parfumate și sfârâitul cartofilor prăjiți reconfortanți. „GHIDUL ESENȚIAL DE ALIMENTE DE CONFORT ASIATIC" este mai mult decât o simplă colecție de rețete; este o explorare a ingredientelor, tehnicilor și influențelor culturale care fac din bucătăria asiatică confortabilă atât de profund satisfăcătoare. Indiferent dacă aveți rădăcini în Asia sau pur și simplu apreciați aromele gătitului asiatic, aceste rețete sunt concepute pentru a vă inspira să recreați gusturile pline de căldură care aduc confort sufletului.

De la supe clasice cu tăiței la mâncăruri cu orez pline de suflet și dulciuri, fiecare rețetă este o sărbătoare a aromelor reconfortante și a tehnicilor culinare care definesc mâncarea asiatică de confort. Fie că sunteți în căutarea alinare într-un castron de pho, să vă răsfățați cu simplitatea congee-ului sau să vă bucurați de dulceața deserturilor de inspirație asiatică, acest ghid este resursa dvs. ideală pentru a experimenta întregul spectru al bucătăriei asiatice confortabile. Alăturați-vă nouă în timp ce ne adâncim în inima alimentelor asiatice confortabile, unde fiecare creație este o mărturie a căldurii și nostalgiei pe care aceste arome care mulțumesc sufletul le aduc la masă. Așadar, îmbrăcați-vă șorțul, îmbrățișați aromele reconfortante și haideți să pornim într-o călătorie aromată prin „GHIDUL ESENȚIAL DE ALIMENTE DE CONFORT ASIATIC".

# Hrana coreeana de confort

## 1. Hotteok cu legume si taitei

## INGREDIENTE:
**PENTRU ALUAT**
- 2 lingurite drojdie uscata
- 1 cană de apă caldă
- ½ lingurita sare
- 2 căni de făină universală
- 2 linguri de zahar
- 1 lingura ulei vegetal

**PENTRU Umplutura**
- 1 lingura zahar
- 3 uncii taitei de amidon de cartofi dulci
- ¼ lingurita piper negru macinat
- 2 linguri sos de soia
- 3 uncii de arpagic asiatic, tăiat mărunt
- 1 ceapă medie, tăiată cubulețe mici
- 1 lingurita ulei de susan
- 3 uncii morcov, tăiat cubulețe mici
- Ulei pentru gătit

## INSTRUCȚIUNI:
a) Pentru a face aluatul, amestecați într-un castron zahărul, drojdia și apa călduță, amestecați până se topește drojdia, acum amestecați 1 lingură de ulei vegetal și sare, amestecați bine.
b) Se amestecă făina și se amestecă într-un aluat, odată ce este omogen, se lasă să se odihnească 1 ¼ de oră pentru a crește, elimină orice aer în timp ce crește, se acoperă și se lasă deoparte.
c) Între timp, fierbeți o oală cu apă și gătiți tăițeii, amestecați din când în când, gătiți timp de 6 minute cu capac.
d) Reîmprospătați sub apă rece când devin fragede, apoi scurgeți.
e) Tăiați-le în bucăți de ¼ inch, folosind foarfecele.
f) Adăugați 1 lingură de ulei într-o tigaie mare sau wok și prăjiți tăițeii timp de 1 minut, acum adăugați zahăr, sosul de soia și piper negru, în timp ce amestecați.
g) Adăugați arpagicul, morcovul și ceapa și amestecați bine.
h) Luați focul când este gata.

i) Apoi, puneți 1 lingură de ulei într-o altă tigaie și încălziți, odată fierbinte, reduceți focul la mediu.
j) Ungeți-vă mâna cu ulei, luați ½ cană din aluat și presați într-o formă rotundă.
k) Acum adăugați niște umplutură și pliați marginile într-o bilă, sigilând marginile.
l) Puneți-l în tigaie cu capătul sigilat în jos, gătiți timp de 30 de secunde, apoi întoarceți-l și comprimați-l astfel încât să devină rotund de aproximativ 4 inci, faceți acest lucru cu o spatulă.
m) Gatiti inca 2-3 minute, pana devine crocant si auriu peste tot.
n) Se aseaza pe hartie de bucatarie pentru a indeparta excesul de grasime si se repeta cu restul de aluat.
o) Se serveste fierbinte.

## 2. Pâine cu ou

**INGREDIENTE:**
- 3 linguri de zahar
- 1 lingurita praf de copt
- 1 lingura unt nesarat, topit
- ½ cană făină universală
- Putina sare
- ½ linguriță extract de vanilie
- 4 ouă
- 1 baton de branza mozzarella, taiata in 6 bucati
- ½ cană lapte
- 1 lingurita ulei de gatit

**INSTRUCȚIUNI:**
a) Amestecați sarea, făina, zahărul, untul, vanilia, 1 ou, praful de copt și laptele, bateți până devine omogen
b) Încălziți aragazul la 400 °F și ungeți 3 forme mici de pâine cu ulei, formele ar trebui să aibă aproximativ 4 × 2 × 1 ½ inci.
c) Turnați aluatul în forme în mod egal, umplându-le pe jumătate.
d) Puneți 2 bucăți de brânză în amestec în jurul exteriorului lăsând mijlocul limpede.
e) Apoi spargeți 1 ou în centrul fiecărei forme.
f) Gătiți la cuptor, folosind grătarul din mijloc, timp de 13-15 minute, în funcție de cum vă place oul fiert.
g) Luați când este gata și serviți fierbinte.

## 3.Tort de orez fierbinte si picant

**INGREDIENTE:**
- 4 căni de apă
- 6×8-inch varec uscat
- Tort de orez în formă de cilindru de 1 kg
- 7 hamsii mari, curatate
- ⅓ cană de pastă de ardei iute coreeano-american
- 3 ceai, tăiați în lungimi de 3 inci
- 1 lingura zahar
- prăjituri de pește de ½ kg
- 1 lingură fulgi de ardei iute
- 2 oua fierte tari

**INSTRUCȚIUNI:**
a) Puneți varecul și anșoa într-o tigaie puțin adâncă cu apă și căldură, fierbinte timp de 15 minute fără capac.
b) Folosind un castron mic, amestecați fulgii de ardei și lipiți cu zahărul.
c) Scoateți varecul și anșoa din tigaie și puneți în prăjitură de orez, amestecul de ardei, ceapă verde, ouă și prăjituri de pește.
d) Stocul ar trebui să fie în jur de 2 căni și jumătate.
e) Pe măsură ce începe să fiarbă, amestecați ușor și lăsați-l să se îngroașe timp de 14 minute, acum ar trebui să arate strălucitor.
f) Adăugați puțină apă în plus dacă tortul de orez nu este fraged și mai gătiți puțin.
g) Odată gata stinge focul și servește.

## 4. Clătite coreean-americane cu fructe de mare

**INGREDIENTE:**
**PENTRU CLATITE**
- 2 ouă medii
- 2 căni de amestec de clătite, coreean-american
- ½ lingurita sare
- 1 ½ cană apă
- scoici de 2 uncii
- 12 rădăcini medii de ceață, tăiate
- 2 uncii de calmar
- ¾ cană ulei vegetal
- 2 uncii de creveți, curățați și devenați
- 4 ardei iute medii, tăiați în unghi

**PENTRU SOS**
- 1 lingura otet
- 1 lingura sos de soia
- 4 ardei iute medii, tăiați în unghi
- ¼ linguriță de usturoi
- 1 lingura apa

**INSTRUCȚIUNI:**

a) Adăugați puțină sare într-un vas cu apă și spălați și scurgeți fructele de mare, puneți pe o parte.
b) Apoi, amestecați împreună folosind un bol separat, apa, ardei iute roșu și verde, sosul de soia, usturoi și oțet, puse deoparte.
c) Folosind un alt castron, bateți ouăle, amestecul de clătite, apa rece și sarea până devine omogen.
d) Puneți o tigaie ungeți ușor și încălziți.
e) Folosiți o jumătate de cană de măsură și turnați amestecul în tigaia fierbinte.
f) Rotiți pentru a uniformiza amestecul, acum puneți deasupra 6 bucăți de ceai, adăugați ardeii iute și fructele de mare.
g) Apăsați ușor mâncarea în clătită, apoi adăugați încă o jumătate de cană din amestec deasupra.
h) Gatiti pana ce baza devine aurie, aproximativ 5 minute.
i) Acum răsturnați ușor clătitele, adăugând puțin ulei pe margine și gătiți încă 5 minute.
j) Odată gata răsturnați înapoi și scoateți din tigaie.
k) Faceți același lucru cu aluatul rămas.

# 5.Sandwich Bulgolgi vegan

## INGREDIENTE:
- ½ ceapă medie, tăiată felii
- 4 chifle mici pentru hamburger
- 4 frunze de salata rosie
- 2 căni bucle de soia
- 4 felii de brânză vegană
- Maioneza organica

## PENTRU MARINADA
- 1 lingura ulei de susan
- 2 linguri sos de soia
- 1 lingurita de seminte de susan
- 2 linguri de agave sau zahăr
- ½ lingurita piper negru macinat
- 2 ceai, tocat
- ½ pară asiatică, tăiată cubulețe, dacă se dorește
- ½ lingură vin alb
- 1-2 ardei iute verzi coreean-americani, tăiați cubulețe
- 2 catei de usturoi, macinati

## INSTRUCȚIUNI:
a) Faceți buclele de soia conform instrucțiunilor de pe pachet.
b) Apoi, puneți toate ingredientele pentru marinată împreună într-un castron mare și amestecați pentru a forma sosul.
c) Scoateți apa din buclele de soia strângând ușor.
d) Adăugați bucle cu ceapa tăiată felii în amestecul de marinată și acoperiți peste tot.
e) Adăugați 1 lingură de ulei în tigaia fierbinte, apoi adăugați întregul amestec și prăjiți timp de 5 minute, până când ceapa și buclele sunt aurii și sosul se îngroașă.
f) Între timp, prăjiți chiflele de hamburger cu brânză pe pâine.
g) Ungeți maioneza, urmată de amestecul de bucle și terminați cu frunze de salată verde deasupra.

## 6. Tort coreean cu bacon și ouă

## INGREDIENTE:
### PENTRU PÂINE
- ½ cană lapte
- ¾ de cană de făină auto-crescătoare sau de făină multiplă cu ¼ de linguriță de praf de copt
- 4 lingurite de zahar
- 1 ou
- 1 lingurita de unt sau ulei de masline
- ¼ lingurita sare
- ¼ lingurita esenta de vanilie

### PENTRU Umplutura
- 1 felie de bacon
- Sarat la gust
- 6 ouă

## INSTRUCȚIUNI:
a) Încălziți aragazul la 375°F.
b) Amestecați împreună folosind un castron, ¼ de linguriță de sare, făină și 4 lingurițe de zahăr.
c) Rupeți oul în amestec și amestecați bine.
d) Se toarnă încet laptele, câte o cantitate mică, până devine groasă.
e) Pulverizati o tava de copt, apoi puneti amestecul de faina peste tava modeland-o in 6 ovale sau puteti folosi pahare de hartie de tort.
f) Dacă modelați, faceți mici adâncituri în fiecare și spargeți un ou în fiecare gaură sau deasupra fiecărei cupe de tort.
g) Toaca baconul si presara peste fiecare, daca ai patrunjel la indemana adauga si putin.
h) Gatiti 12-15 minute.
i) Scoateți și bucurați-vă.

## 7.Orez cu curry coreean

**INGREDIENTE:**
- 1 morcov mediu, decojit și tăiat cubulețe
- 7 uncii carne de vită, tăiată cubulețe
- 2 cepe, tocate
- 2 cartofi, curatati si taiati cubulete
- ½ linguriță de usturoi pudră
- Condimente după gust
- 1 dovlecel mediu, tăiat cubulețe
- Ulei vegetal pentru gătit
- 4 uncii amestec de sos de curry

**INSTRUCȚIUNI:**
a) Pune puțin ulei într-un wok sau o tigaie adâncă și se încălzește.
b) Se condimentează carnea de vită și se pune uleiul, amestecând și gătind timp de 2 minute.
c) Apoi adăugați ceapa, cartofii, pudra de usturoi și morcovii, prăjiți încă 5 minute, apoi adăugați dovlecelul.
d) Se toarnă 3 căni de apă și se încălzește până când începe să fiarbă.
e) Reduceți focul și gătiți la foc mic timp de 15 minute.
f) Adăugați încet amestecul de curry până devine gros.
g) Puneti orezul peste orez si savurati.

## 8.Rulă de ouă de zebră

**INGREDIENTE:**
- ¼ lingurita sare
- 3 oua
- Ulei pentru gătit
- 1 lingura de lapte
- 1 foaie de alge marine

**INSTRUCȚIUNI:**
a) Rupeți foaia de alge marine în bucăți.
b) Acum spargeți ouăle într-un bol și adăugați sarea cu laptele, bateți împreună.
c) Pune o tigaie pe aragaz si incinge cu putin ulei, e mai bine daca ai o tigaie antiaderenta.
d) Turnați suficient ou pentru a acoperi doar baza tigaiei și apoi pudrați cu alge marine.
e) Odată ce oul este pe jumătate fiert, rulați-l și împingeți-l în lateralul tigaii.
f) Apoi ungeți din nou dacă este necesar și reglați focul dacă este prea fierbinte, puneți un alt strat subțire de ou și pudrați din nou cu sămânța, acum rulați primul peste cea care se gătește și puneți-l pe cealaltă parte a cratiței.
g) Repetați acest lucru până când oul este terminat.
h) Întoarceți pe o placă și feliați.

## 9. Prăjituri cu nucă din plită coreeană

**INGREDIENTE:**
- 1 cutie de fasole roșie azuki
- 1 cană amestec de clătite sau amestec de vafe
- 1 lingurita extract de vanilie
- 1 lingura zahar
- 1 pachet de nuci

**INSTRUCȚIUNI:**
a) Preparați amestecul de clătite conform instrucțiunilor de pe pachet cu zaharul in plus.
b) Odată ce amestecul este gata, puneți într-un vas cu gura de scurgere.
c) Folosind 2 forme de chechelet daca nu ai poti folosi forme de briose, incalzim pe aragaz la foc mic, se vor arde la mare.
d) Adăugați amestecul în prima tavă, dar umpleți doar pe jumătate.
e) Adăugați rapid 1 nucă și 1 linguriță de fasole roșie în fiecare loc restul amestecului în cealaltă tavă.
f) Apoi răsturnați prima tavă peste cea de-a doua, aliniind formele, gătiți încă 30 de secunde, odată ce a doua tavă este gătită, luați focul.
g) Acum scoateți tava de deasupra și apoi scoateți prăjiturile pe platoul de servire.

## 10.Street Toast Sandwich

## INGREDIENTE:
- ⅔ cană de varză, tăiată în fâșii subțiri
- 4 felii de pâine albă
- 1 lingura de unt sarat
- ⅛ cană morcovi, tăiați în fâșii subțiri
- 2 oua
- ¼ lingurita zahar
- ½ cană de castraveți, feliați subțiri
- Ketchup după gust
- 1 lingura ulei de gatit
- Maioneza dupa gust
- ⅛ linguriță sare

## INSTRUCȚIUNI:
a) Într-un castron mare spargeți ouăle cu sare, apoi adăugați morcovii și varza, amestecând.
b) Puneți uleiul într-o tigaie adâncă și încălziți.
c) Adăugați jumătate din amestec în tigaie și faceți 2 forme de pâine, ținându-le separate.
d) Acum adăugați amestecul de ouă rămas peste cele 2 din tigaie, acest lucru va da o formă bună.
e) Gatiti 2 minute apoi intoarceti si gatiti inca 2 minute.
f) Se dizolvă jumătate din unt într-o tigaie separată, odată fierbinte puneți două dintre feliile de pâine și răsturnați astfel încât ambele părți să absoarbă untul, continuați să gătiți până devine auriu pe ambele părți, aproximativ 3 minute.
g) Repetați cu celelalte 2 felii.
h) Odată fiert, puneți pe platourile de servire și adăugați jumătate de zahăr la fiecare.
i) Luați amestecul de ouă prăjiți și puneți-l pe pâine.
j) Adăugați castravetele și puneți ketchup-ul și maioneza.
k) Așezați cealaltă felie de pâine deasupra și tăiați-o în două.

## 11. Legume prăjite

**INGREDIENTE:**
- 1 ardei iute roșu proaspăt, tăiat în jumătate de sus în jos
- 1 morcov mare decojit și tăiat în ⅛ bastoane
- 2 ciorchini ciuperci enoki, separate
- 1 dovlecel, tăiat în ⅛ bastoane
- 4 ceai, tăiați în lungimi de 2 inci
- 6 catei de usturoi, feliati subtiri
- 1 cartof dulce mediu, tăiat în bastoane
- 1 cartof mediu, tăiat în bastoane
- Ulei vegetal pentru prajit

**PENTRU ALATĂ**
- ¼ cană amidon de porumb
- 1 cană făină universală
- 1 ou
- ¼ cană făină de orez
- 1 ½ cană de apă rece cu gheață
- ½ lingurita sare

**PENTRU SOS**
- 1 catel de usturoi
- ½ cană sos de soia
- 1 ceapă
- ½ linguriță de oțet de orez
- ¼ lingurita ulei de susan
- 1 lingurita zahar brun

**INSTRUCȚIUNI:**
a) Pune o oală cu apă la fiert.
b) Se pun morcovii, si ambele tipuri de cartofi in apa, se ia de pe foc si se lasa 4 minute, apoi se scot din apa clatiti, se scurg si se usuca cu hartie de bucatarie.
c) Amestecați ceapa verde, dovlecelul, usturoiul și ardeiul roșu într-un castron și amestecați bine.
d) Pentru aluat amestecați toate ingredientele uscate .
e) Acum bateți apa și ouăle împreună, apoi adăugați la ingredientele uscate și amestecați bine într-un aluat.

f) Apoi, faceți sosul bătând împreună zahărul, oțetul, soia și uleiul de susan.
g) Ceapa verde și usturoiul tăiați mărunt, apoi amestecați în amestecul de soia.
h) Adăugați suficient ulei într-un wok sau într-o tigaie adâncă, uleiul ar trebui să fie de aproximativ 3 inci adâncime.
i) Odată ce uleiul este fierbinte, treceți legumele prin aluat, lăsați excesul să se scurgă, apoi prăjiți timp de 4 minute.
j) Se scurge si se usuca pe hartie de bucatarie cand este gata.
k) Serviți cu sosul.

# ALIMENTARE TAIWANEZĂ CONFORTĂ

## 12.Tempura de pește din Taiwan

**INGREDIENTE:**
- 1 kg file de pește alb, tăiate în bucăți mici
- 1 cană de făină universală
- ¼ cană amidon de porumb
- ½ linguriță de praf de copt
- 1 lingurita sare
- 1 cană apă rece ca gheața
- Ulei vegetal pentru prajit
- rondele de lămâie (pentru servire)

**INSTRUCȚIUNI:**
a) Într-un bol de amestecare, combinați făina universală, amidonul de porumb, praful de copt și sarea.
b) Adăugați treptat apa rece cu gheața în amestecul de făină, amestecând până când aluatul este omogen și fără cocoloașe.
c) Încălziți ulei vegetal într-o friteuză sau o oală mare la aproximativ 350 ° F (175 ° C).
d) Înmuiați bucățile de pește în aluat, asigurându-vă că sunt bine acoperite.
e) Puneți cu grijă peștele aluat în uleiul încins și prăjiți până se rumenește și devine crocant.
f) Scoateți peștele din ulei și scurgeți-l pe prosoape de hârtie.
g) Serviți Tempura de Pește din Taiwan fierbinte, însoțită de felii de lămâie pentru a le stoarce peste pește.

## 13. Bile de pește Tamsui

## INGREDIENTE:
- 1 kg file de pește alb (cum ar fi cod sau limbă de limbă)
- ¼ cană amidon de tapioca sau amidon de porumb
- 2 linguri pasta de peste
- 1 lingura de usturoi tocat
- 1 lingura sos de soia
- 1 lingurita ulei de susan
- ½ lingurita piper alb
- ¼ lingurita sare
- 4 cesti supa de pui sau apa

## INSTRUCȚIUNI:
a) Intr-un robot de bucatarie, preseaza fileurile de peste pana se toaca fin.
b) Într-un bol de amestecare, combinați peștele tocat, amidonul de tapioca sau amidonul de porumb, pasta de pește, usturoiul tocat, sosul de soia, uleiul de susan, piper alb și sare. Se amestecă bine pentru a forma un amestec omogen.
c) Udați-vă mâinile cu apă și modelați amestecul de pește în bile mici.
d) Aduceți bulionul de pui sau apa la fiert într-o oală.
e) Puneți biluțele de pește în bulionul care fierbe și gătiți până când plutesc la suprafață, ceea ce indică că sunt gătite.
f) Scoateți biluțele de pește din bulion cu o lingură cu fantă și serviți-le într-un bol cu sosul preferat.

## 14.Tofu imputit

**INGREDIENTE:**
- 1 bloc de tofu ferm
- 2 linguri fasole neagra fermentata chinezeasca
- 2 catei de usturoi, tocati
- 1 lingura sos de soia
- 1 lingura otet de orez
- 1 lingura sos chili (optional)
- Ulei vegetal pentru prajit
- Varză murată sau kimchi (opțional)

**INSTRUCȚIUNI:**
a) Tăiați tofu-ul în cuburi de dimensiuni mici.
b) Într-un castron mic, zdrobiți fasolea neagră fermentată cu o furculiță.
c) Se încălzește ulei vegetal într-o tigaie adâncă sau într-un wok pentru prăjit.
d) Prăjiți cuburile de tofu în ulei încins până devin aurii și crocante la exterior. Scoateți și scurgeți-l pe o farfurie tapetată cu un prosop de hârtie.
e) Într-o tigaie separată, se încălzește puțin ulei vegetal și se călește usturoiul tocat până se parfumează.
f) Adăugați în tigaie piureul de fasole neagră fermentată, sosul de soia, oțetul de orez și sosul chili (dacă este folosit). Gatiti un minut sau doua pentru a combina aromele.
g) Puneți cuburile de tofu prăjit într-un vas de servire și turnați peste ele sosul de fasole neagră.
h) Serviți tofuul puturos fierbinte, însoțit opțional de varză murată sau kimchi.

## 15.Chiftele taiwaneze

**INGREDIENTE:**
**PENTRU Umplutura:**
- 1 kg carne de porc măcinată
- ½ kg de creveți, decojiți și tăiați
- ½ cană lăstari de bambus, tăiați mărunt
- ¼ cană ciuperci shiitake uscate, înmuiate și tocate mărunt
- 2 linguri sos de soia
- 2 linguri sos de stridii
- 1 lingura zahar
- 1 lingura amidon de porumb
- 1 lingurita ulei de susan
- Sare si piper dupa gust

**PENTRU AMBALAJ:**
- 2 căni de făină de orez glutinos
- 1 cană apă
- ½ lingurita sare

**PENTRU SOS:**
- ¼ cană sos de soia
- ¼ cană oțet de orez
- 1 lingura zahar
- 1 lingura amidon de porumb
- ½ cană apă

**INSTRUCȚIUNI:**

a) Într-un castron, combinați toate ingredientele de umplutură și amestecați bine.

b) Într-un castron separat, amestecați făina de orez glutinos, apa și sarea pentru a face aluatul de înveliș. Se framanta pana se omogenizeaza.

c) Luați o porțiune mică din aluat și aplatizați-o în palmă. Asezati o lingura de umplutura in centru si strangeti marginile pentru a o sigila, formand o bila.

d) Repetați procesul cu aluatul rămas și umplutura.

e) Se fierb chiftelele într-un cuptor cu abur timp de aproximativ 25-30 de minute până când sunt fierte.

f) În timp ce chiftelele se aburin, pregătiți sosul. Într-o cratiță, combinați sosul de soia, oțetul de orez, zahărul, amidonul de porumb și apa. Se amestecă bine și se fierbe la foc mediu până se îngroașă sosul.
g) Odată ce chiftelele sunt fierte, scoateți-le din cuptorul cu abur și serviți fierbinți cu sos.

# 16.Ciuperci popcorn din Taiwan

**INGREDIENTE:**
- 1 kilogram de ciuperci proaspete, curățate și tăiate la jumătate
- ½ cană făină universală
- ½ cană amidon de porumb
- 1 lingurita praf de copt
- ½ lingurita sare
- ¼ lingurita piper negru
- 1 cană apă rece
- Ulei vegetal pentru prajit
- Sare pentru stropire (optional)

**INSTRUCȚIUNI:**
a) Într-un castron, combinați făina universală, amidonul de porumb, praful de copt, sarea și piperul negru.
b) Adăugați treptat apa rece în amestecul de făină, amestecând până se formează un aluat omogen.
c) Se încălzește ulei vegetal într-o tigaie adâncă sau într-un wok pentru prăjit.
d) Înmuiați ciupercile tăiate pe jumătate în aluat, acoperindu-le uniform.
e) Puneți cu grijă ciupercile aluate în uleiul încins și prăjiți până devin aurii și crocante.
f) Scoateți ciupercile din ulei folosind o lingură cu fantă sau clești și scurgeți-le pe o farfurie tapetată cu un prosop de hârtie.
g) Se presara cu sare (optional) cat inca fierbinte.
h) Servește ciupercile popcorn din Taiwan ca o gustare delicioasă de mâncare stradală.

## 17. Pui cu popcorn din Taiwan

**INGREDIENTE:**
- 1 kilogram de pulpe de pui dezosate, tăiate în bucăți mici
- 2 linguri sos de soia
- 1 lingură vin Shaoxing (opțional)
- 1 lingură pudră cu cinci condimente
- 1 lingura praf de usturoi
- 1 lingura praf de ceapa
- 1 lingurita boia
- ½ lingurita piper alb
- ½ lingurita sare
- 1 cană de amidon de cartofi sau amidon de porumb
- Ulei vegetal pentru prajit

**INSTRUCȚIUNI:**

a) Într-un castron, marinați bucățile de pui cu sos de soia, vin Shaoxing (dacă este folosit), pudră de cinci condimente, pudră de usturoi, pudră de ceapă, boia de ardei, piper alb și sare. Se amestecă bine și se lasă la marinat cel puțin 30 de minute.

b) Încinge ulei vegetal într-o tigaie adâncă sau o oală pentru prăjit.

c) Acoperiți bucățile de pui marinate cu amidon de cartofi sau amidon de porumb, scuturând orice exces.

d) Puneți cu grijă bucățile de pui acoperite în uleiul încins și prăjiți până devin aurii și crocante.

e) Scoateți puiul din ulei folosind o lingură cu fantă și scurgeți-l pe o farfurie tapetată cu un prosop de hârtie.

f) Serviți Yan Su Ji / Kiâm-So̊-Ke fierbinte ca o gustare populară din Taiwan.

# 18.Bile de Taro

## INGREDIENTE:
- 2 căni de taro, decojite și tăiate cuburi
- ½ cană făină de orez lipicioasă
- ¼ cană zahăr
- Apă (după nevoie)
- Amidon de tapioca sau amidon de cartofi (pentru praf)

## INSTRUCȚIUNI:
a) Cuburile de taro se fierb la abur până când sunt moi și ușor piureate cu o furculiță.
b) Pasați taroul aburit până la omogenizare.
c) Într-un castron, combinați piureul de taro, făina de orez glutinos și zahărul. Amestecă bine.
d) Adăugați treptat apă, câte puțin, și frământați amestecul până se formează un aluat moale. Consistența ar trebui să fie similară cu cea a aluatului.
e) Ciupiți bucăți mici de aluat și rulați-le în bile mici.
f) Aduceți o oală cu apă la fiert.
g) Puneți ușor bilele de taro în apă clocotită și gătiți până când plutesc la suprafață.
h) Scoateți bilele de taro fierte din apă și transferați-le într-un vas cu apă rece pentru a se răci și a se întări.
i) Scurgeți bilele de taro și pudrați-le cu amidon de tapioca sau de cartofi pentru a nu se lipi.
j) Servește bilele de taro ca topping pentru deserturi, cum ar fi gheață rasă sau supe dulci.

## 19.Ciuperci prăjite

**INGREDIENTE:**
- 1 kilogram de ciuperci proaspete, curățate și tăiate felii
- ½ cană făină universală
- ½ cană amidon de porumb
- 1 lingurita praf de copt
- ½ lingurita sare
- ¼ lingurita piper negru
- 1 cană apă rece
- Ulei vegetal pentru prajit
- Sare pentru stropire (optional)

**INSTRUCȚIUNI:**
a) Într-un castron, combinați făina universală, amidonul de porumb, praful de copt, sarea și piperul negru.
b) Adăugați treptat apa rece în amestecul de făină, amestecând până se formează un aluat omogen.
c) Se încălzește ulei vegetal într-o tigaie adâncă sau într-un wok pentru prăjit.
d) Înmuiați ciupercile feliate în aluat, acoperindu-le uniform.
e) Puneți cu grijă ciupercile aluate în uleiul încins și prăjiți până devin aurii și crocante.
f) Scoateți ciupercile prăjite din ulei folosind o lingură cu fantă sau clești și scurgeți-le pe o farfurie tapetată cu un prosop de hârtie.
g) Se presara cu sare (optional) cat inca fierbinte.
h) Serviți ciupercile prăjite ca o gustare gustoasă de mâncare stradală.

## 20. Calamar la gratar

**INGREDIENTE:**
- 2 calmari de talie medie, curatati si eviscerati
- 2 linguri sos de soia
- 2 linguri sos de stridii
- 2 linguri miere
- 1 lingura ulei de susan
- 1 lingura de usturoi tocat
- 1 lingurita pudra de chili (optional)
- Sare si piper dupa gust
- Frigarui de lemn

**INSTRUCȚIUNI:**
a) Preîncălziți un grătar sau o tigaie pentru grătar la foc mediu-mare.
b) Marcați calmarul într-un model încrucișat pe ambele părți.
c) Într-un castron, amestecați sosul de soia, sosul de stridii, mierea, uleiul de susan, usturoiul tocat, pudra de chili (dacă este folosit), sare și piper pentru a face marinada.
d) Ungeți calmarul cu marinada, asigurându-vă că este bine acoperit.
e) Așezați calmarul pe frigărui de lemn, străpungându-i prin corp și tentacule.
f) Prăjiți calmarul la grătar timp de aproximativ 3-4 minute pe fiecare parte, până când este fiert și are urme de grătar.
g) Scoateți calmarul de pe grătar și lăsați-l să se odihnească câteva minute înainte de servire.
h) Tăiați calmarul la grătar în bucăți mai mici și serviți fierbinți.

## 21. Carne de porc măcinată taiwaneză și castraveți murați

**INGREDIENTE:**
- 450 g de carne de porc măcinată
- 1 cană castraveți murați, tăiați subțiri
- 2 linguri sos de soia
- 1 lingura sos hoisin
- 1 lingura otet de orez
- 1 lingura ulei de susan
- 2 catei de usturoi, tocati
- 1 lingurita de ghimbir, tocat
- ½ lingurita zahar
- ¼ lingurita piper negru
- Ulei vegetal pentru gătit
- Ceapa verde, tocata (pentru garnitura)

**INSTRUCȚIUNI:**
a) Într-un castron mic, amestecați sosul de soia, sosul hoisin, oțetul de orez, uleiul de susan, usturoiul tocat, ghimbirul tocat, zahărul și piperul negru. Pus deoparte.
b) Încinge ulei vegetal într-o tigaie mare sau wok la foc mediu-mare.
c) Adăugați carnea de porc măcinată în tigaie și gătiți până se rumenește și este gătită.
d) Adăugați castraveții murați feliați în tigaie și prăjiți timp de aproximativ 2 minute.
e) Se toarnă amestecul de sos peste carnea de porc și castraveți. Se amestecă bine pentru a se combina.
f) Gatiti inca 2-3 minute pana cand aromele sunt bine amestecate.
g) Se orneaza cu ceapa verde tocata.
h) Serviți carnea de porc măcinată taiwanez și castraveții murați fierbinți cu orez aburit.

## 22.Orez de porc înăbușit din Taiwan

**INGREDIENTE:**
- 1 kg de burtă de porc, feliată subțire
- ¼ cană sos de soia
- ¼ cană sos de soia închis
- ¼ cană vin de orez
- 2 linguri de zahar
- 2 catei de usturoi, tocati
- 2 anason stele
- 1 baton de scortisoara
- 1 cană apă
- 4 căni de orez iasomie fiert
- Ouă fierte tari (opțional)
- Verdeturi de mustar murate (optional)
- Ceapa verde tocata (pentru garnitura)

**INSTRUCȚIUNI:**
a) Intr-o tigaie se rumenesc feliile de burta de porc pana devin crocante pe exterior. Scoateți și lăsați deoparte.
b) În aceeași tigaie se adaugă usturoiul tocat și se călește până se parfumează.
c) Adăugați în tigaie sosul de soia, sosul de soia închis, vinul de orez, zahărul, anasonul stelat, batonul de scorțișoară și apă. Se amestecă pentru a combina.
d) Întoarceți feliile de burtă de porc rumenite în tigaie și aduceți amestecul la fiert.
e) Acoperim cratita si lasam carnea de porc sa fiarba in sos aproximativ 1-2 ore, pana se inmoaie si sosul s-a ingrosat.
f) Pentru a servi, puneți o lingură de orez iasomie fiert într-un castron sau farfurie.
g) Acoperiți orezul cu felii de burtă de porc înăbușită și puneți peste el puțin sos.
h) Se orneaza cu ceapa verde tocata.
i) Serviți Lu Rou Fan fierbinte și puteți include, de asemenea, ouă fierte și verdeață de muștar murată ca toppinguri suplimentare.

## 23.Tocană de pui cu ulei de susan taiwanez

**INGREDIENTE:**
- 2 kg bucăți de pui (cu os și piele)
- 3 linguri ulei de susan
- 3 linguri sos de soia
- 3 linguri vin de orez
- 1 lingura zahar
- 3 catei de usturoi, tocati
- ghimbir de 1 inch, feliat
- 2 cesti supa de pui
- 1 lingura amidon de porumb (optional, pentru ingrosare)
- Ceapa verde, tocata (pentru garnitura)

**INSTRUCȚIUNI:**
a) Încinge uleiul de susan într-o oală mare sau cuptor olandez la foc mediu.
b) Adăugați usturoiul tocat și ghimbirul tăiat felii. Se prăjește timp de aproximativ 1 minut până se parfumează.
c) Adăugați bucățile de pui în oală și rumeniți-le pe toate părțile.
d) Într-un castron mic, amestecați sosul de soia, vinul de orez și zahărul. Turnați acest amestec peste pui.
e) Adăugați bulionul de pui în oală, acoperiți și fierbeți timp de aproximativ 30-40 de minute până când puiul este gătit și fraged.
f) Dacă doriți, amestecați amidonul de porumb cu puțină apă pentru a face o pastă și adăugați-l în tocană pentru a îngroșa sosul. Se amestecă bine pentru a se combina.
g) Servește tocanita de pui cu ulei de susan fierbinte, garnisită cu ceapă verde tocată și cu orez aburit.

## 24.Găluște taiwaneze

**INGREDIENTE:**
- 1 pachet de ambalaje de găluște
- ½ kg carne de porc măcinată
- ½ cană de varză Napa, tocată mărunt
- ¼ cana ceapa verde, tocata marunt
- 1 lingura de ghimbir, tocat
- 2 linguri sos de soia
- 1 lingura ulei de susan
- 1 lingurita zahar
- ½ lingurita sare
- ¼ lingurita piper negru

**INSTRUCȚIUNI:**

a) Într-un castron, combinați carnea de porc măcinată, varza Napa, ceapa verde, ghimbirul, sosul de soia, uleiul de susan, zahărul, sare și piper negru. Se amestecă bine până când toate ingredientele sunt încorporate uniform.

b) Luați un ambalaj de găluște și puneți în centru o lingură de umplutură de porc.

c) Înmuiați degetul în apă și umeziți marginile ambalajului.

d) Îndoiți ambalajul în jumătate și apăsați marginile împreună pentru a sigila, creând o formă de jumătate de lună.

e) Repetați procesul cu învelișurile de găluște și umplutura rămase.

f) Aduceți o oală mare cu apă la fiert. Adăugați găluștele în apa clocotită și gătiți aproximativ 5-7 minute până când plutesc la suprafață.

g) Scurgeți găluștele și serviți fierbinți cu sos de soia sau cu sosul preferat.

## 25.Pui cu trei cești în stil taiwanez

**INGREDIENTE:**
- 450 g de pui, tăiat în bucăți mici
- ¼ cană ulei de susan
- ¼ cană sos de soia
- ¼ cană vin de orez
- 1 lingura zahar
- 5 catei de usturoi, tocati
- ghimbir de 1 inch, tocat
- 2 linguri frunze proaspete de busuioc

**INSTRUCȚIUNI:**
a) Încinge uleiul de susan într-un wok sau o tigaie mare la foc mediu.
b) Se adaugă usturoiul tocat și ghimbirul și se prăjesc timp de aproximativ 1 minut până se parfumează.
c) Adăugați bucățile de pui în wok și gătiți până se rumenesc pe toate părțile.
d) Într-un castron mic, amestecați sosul de soia, vinul de orez și zahărul. Turnați acest amestec peste pui.
e) Reduceți focul la mic și lăsați puiul să fiarbă aproximativ 20-25 de minute până când sosul s-a îngroșat și puiul este gătit.
f) Adăugați frunzele proaspete de busuioc și amestecați bine pentru a se combina.

## 26. Cotlete de porc taiwaneze

**INGREDIENTE:**
- 4 cotlete de porc
- 2 linguri sos de soia
- 2 linguri vin de orez
- 1 lingura zahar
- 2 catei de usturoi, tocati
- ½ linguriță pudră cu cinci condimente
- Sare si piper dupa gust
- Ulei vegetal pentru prajit

**INSTRUCȚIUNI:**
a) Într-un castron, combinați sosul de soia, vinul de orez, zahărul, usturoiul tocat, pudra cu cinci condimente, sare și piper. Se amestecă bine pentru a face marinada.
b) Puneți cotletele de porc într-un vas puțin adânc și turnați marinata peste ele. Asigurați-vă că toate părțile cotletelor de porc sunt acoperite. Lăsați-le la marinat cel puțin 30 de minute.
c) Încinge ulei vegetal într-o tigaie sau o tigaie la foc mediu-mare.
d) Prăjiți cotletele de porc marinate aproximativ 3-4 minute pe fiecare parte, până când sunt aurii și gătite.
e) Scoateți cotletele de porc din tigaie și puneți-le pe o farfurie de servire.
f) Serviți cotletele de porc taiwaneze fierbinți cu orez aburit sau ca umplutură într-un sandviș în stil taiwanez.

## 27.Cuburi de vită la grătar la flacără

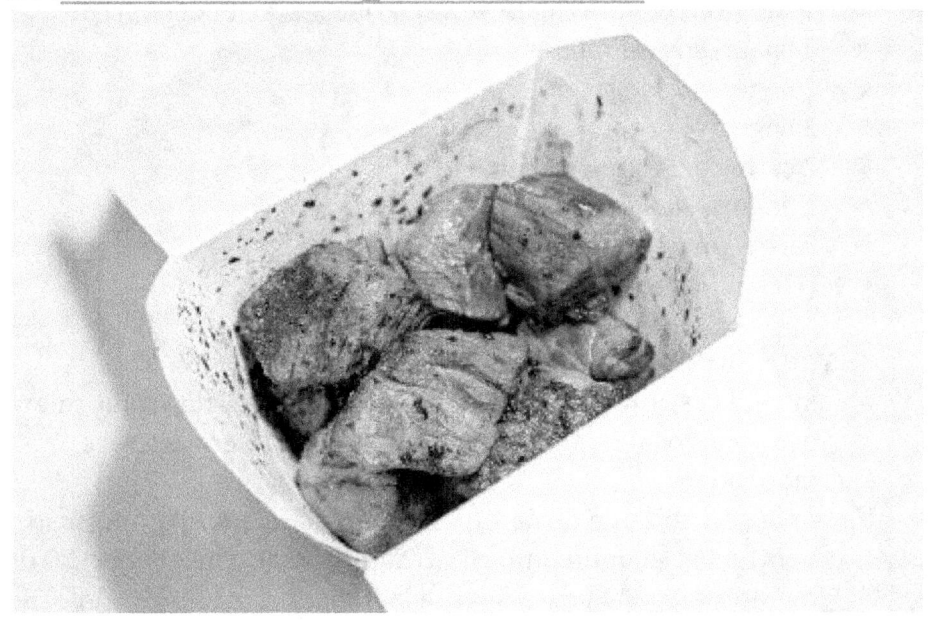

**INGREDIENTE:**
- 1 kilogram de muschi de vită sau ribeye, tăiat în cuburi de 1 inch
- 2 linguri sos de soia
- 2 linguri sos de stridii
- 2 linguri miere
- 2 catei de usturoi, tocati
- 1 lingura ulei vegetal
- Sare si piper dupa gust
- Frigarui

**INSTRUCȚIUNI:**
a) Într-un castron, combinați sosul de soia, sosul de stridii, mierea, usturoiul tocat, uleiul vegetal, sare și piper pentru a face marinada.
b) Adăugați cuburile de carne de vită în marinadă și amestecați pentru a se acoperi uniform. Lăsați-l la marinat cel puțin 30 de minute sau până peste noapte la frigider.
c) Preîncălziți un grătar sau o tigaie pentru grătar la foc mediu-mare.
d) Așezați cuburile de carne de vită marinată pe frigărui.
e) Frigaruile de vita la gratar aproximativ 2-3 minute pe fiecare parte, pana cand sunt fierte la nivelul dorit.
f) Scoateți frigăruile de pe grătar și lăsați-le să se odihnească câteva minute înainte de servire.
g) Servește cuburile de carne de vită la grătar fierbinți ca o gustare delicioasă de mâncare stradală.

## 28. Bol de orez cu carne de porc înăbușită din Taiwan

**INGREDIENTE:**
- 450 g burtă de porc, tăiată în bucăți mici
- 3 linguri sos de soia
- 3 linguri sos de soia închis la culoare
- 2 linguri de zahar
- 2 catei de usturoi, tocati
- ghimbir de 1 inch, feliat
- 2 anason stele
- 1 baton de scortisoara
- 2 căni de apă
- 2 linguri ulei vegetal
- Orez fiert la abur, pentru servire
- Ceapa verde, tocata (pentru garnitura)

**INSTRUCȚIUNI:**
a) Într-un castron, combinați sosul de soia, sosul de soia închis, zahărul, usturoiul tocat, ghimbirul feliat, anasonul stelat, batonul de scorțișoară și apa. Amestecați bine pentru a face sosul pentru braising.
b) Încinge ulei vegetal într-o oală mare sau cuptor olandez la foc mediu.
c) Adăugați bucățile de burtă de porc în oală și rumeniți-le pe toate părțile.
d) Se toarnă sosul pentru fiert peste carnea de porc și se aduce la fierbere.
e) Reduceți focul la mic și lăsați carnea de porc să fiarbă, acoperită, aproximativ 1,5-2 ore până când carnea este fragedă și aromele sunt bine infuzate.
f) Ocazional, amestecați carnea de porc în timpul gătirii și adăugați mai multă apă dacă este necesar pentru a preveni uscarea acesteia.
g) Odată ce carnea de porc este fragedă, scoateți capacul și lăsați sosul să se îngroașe încă 10-15 minute la foc mic.
h) Servește carnea de porc înăbușită din Taiwan peste orez aburit și ornează cu ceapă verde tocată.
i) Bucurați-vă de acest castron de orez aromat și reconfortant.

## 29.Cârnați de orez taiwanez

**INGREDIENTE:**
- 2 căni de orez lipicios (orez glutinos)
- 4 cârnați chinezești (lap cheong)
- 2 linguri sos de soia
- 1 lingura sos de stridii
- 1 lingura ulei de susan
- 2 catei de usturoi, tocati
- 1 lingura ulei vegetal
- 2 cepe verde, tocate

**INSTRUCȚIUNI:**
a) Clătiți orezul lipicios și înmuiați-l în apă timp de cel puțin 4 ore sau peste noapte. Scurgeți orezul înainte de gătit.
b) Într-un cuptor cu abur, fierbeți orezul lipicios timp de aproximativ 20-25 de minute până devine moale și lipicios.
c) În timp ce orezul se aburește, gătiți cârnații chinezești. Într-o tigaie, adăugați apă și aduceți-o la fiert. Adăugați cârnații și fierbeți timp de 10 minute. Scoateți din apă și lăsați-le să se răcească.
d) Odată ce cârnații s-au răcit, tăiați-i pe diagonală în bucăți subțiri.
e) Într-o tigaie separată, încălziți uleiul vegetal la foc mediu. Se adauga usturoiul tocat si se caleste pana se parfumeaza.
f) Adăugați orezul lipicios la abur în tigaie și prăjiți câteva minute.
g) Adăugați în tigaie sosul de soia, sosul de stridii, uleiul de susan și ceapa verde tocată. Se amestecă bine pentru a acoperi orezul.
h) Adăugați cârnații feliați în tigaie și continuați să prăjiți încă 2-3 minute până când totul este bine combinat.
i) Servește cârnații de orez lipicios taiwanez fierbinți.

## 30.Jerky de porc în stil taiwanez

**INGREDIENTE:**
- 450 g de spată de porc, tăiată în fâșii subțiri
- ¼ cană sos de soia
- 2 linguri sos de soia închis la culoare
- 2 linguri vin de orez
- 2 linguri de zahar
- 2 catei de usturoi, tocati
- 1 lingurita pudra cu cinci condimente
- ½ lingurita piper negru
- Ulei vegetal pentru prajit

**INSTRUCȚIUNI:**
a) Într-un castron, combinați sosul de soia, sosul de soia închis, vinul de orez, zahărul, usturoiul tocat, pudra cu cinci condimente și piper negru. Se amestecă bine pentru a face marinada.
b) Puneți fâșiile de porc într-un vas puțin adânc și turnați marinata peste ele. Asigurați-vă că toate părțile cărnii de porc sunt acoperite. Lăsați-le la marinat cel puțin 2 ore, sau de preferat peste noapte la frigider.
c) Preîncălziți cuptorul la 325°F (165°C).
d) Scoateți fâșiile de porc din marinadă și uscați-le cu un prosop de hârtie.
e) Încinge ulei vegetal într-o tigaie mare sau wok la foc mediu-mare.
f) Prăjiți fâșiile de porc marinate în loturi până când sunt crocante și rumenite pe ambele părți. Scoateți-le din ulei și scurgeți-le pe prosoape de hârtie.
g) Puneți fâșiile de porc prăjite pe o foaie de copt și coaceți în cuptorul preîncălzit pentru aproximativ 20-25 de minute pentru a vă asigura că sunt complet fierte și crocante.
h) Scoateți din cuptor și lăsați carnea de porc să se răcească complet.

## 31. Rulo de orez taiwanez

**INGREDIENTE:**
- 2 căni de orez fiert cu bob scurt
- 450 g de proteină la alegere (porc, pui, vită, tofu), felii subțiri
- 2 linguri sos de soia
- 1 lingura sos de stridii
- 1 lingura ulei de susan
- 1 lingura ulei vegetal
- 4 catei de usturoi, tocati
- 1 cană de salată verde mărunțită sau alte verdețuri cu frunze
- 1 cană morcovi tăiați juliană
- 1 cană muguri de fasole
- ½ cană ceapă verde tocată
- Sos Hoisin (pentru servire)
- Sriracha sau sos chili (pentru servire)

**INSTRUCȚIUNI:**
a) Într-un castron, marinați proteina tăiată felii subțiri (carne de porc, pui, vită, tofu) cu sos de soia, sos de stridii și ulei de susan. Se lasa deoparte cel putin 15 minute.
b) Încinge ulei vegetal într-o tigaie sau wok la foc mediu-mare.
c) Se adaugă usturoiul tocat în tigaie și se prăjește timp de aproximativ 1 minut până se parfumează.
d) Adăugați proteinele marinate în tigaie și gătiți până când sunt fierte și ușor caramelizate.
e) Scoateți proteinele din tigaie și lăsați-le deoparte.
f) În aceeași tigaie, mai adăugați puțin ulei dacă este necesar și prăjiți salata verde mărunțită, morcovii tăiați julien, mugurii de fasole și ceapa verde tocată timp de câteva minute, până când legumele sunt ușor fierte, dar încă crocante.
g) Împărțiți orezul fiert în farfurii de servire.
h) Puneți o porție de legume prăjite și proteine deasupra orezului.
i) Rulați strâns orezul și umpluturile folosind o bucată de folie de plastic sau un covoraș pentru sushi.
j) Scoateți folie de plastic sau covorașul de sushi și serviți orezul taiwanez rulat cu sos hoisin și sos sriracha sau chili în lateral.

# MÂNCARE JAPONEZĂ CONFORTĂ

## 32.Tofu în sos de piper negru

**INGREDIENTE :**
- 1 cană. Amidon de porumb
- 1 ½ linguriță piper alb
- 16 oz tofu ferm, perfect scurs
- 4 linguri ulei vegetal
- 1 lingurita sare kosher
- 2 cepți, tăiați mărunt
- 3 ardei iute roșii, fără semințe și feliate frumos

**INSTRUCȚIUNI:**
a) Asigurați-vă că tofu este bine scurs și uscați cu un prosop de hârtie. Puteți apăsa pe ea o placă de tăiat grea pentru a scoate tot lichidul.
b) Tăiați tofu-ul în cuburi fine și rezistente
c) Amestecați amidonul de porumb cu piperul alb și sarea.
d) Aruncați tofu în amestecul de făină, aveți grijă să vă asigurați că cuburile sunt bine acoperite.
e) Așezați-le într-o pungă Ziploc timp de 2 minute
f) Turnați uleiul într-o tigaie antiaderentă, când este fierbinte, prăjiți cuburile de tofu în cuburi crocante
g) Se prăjește în loturi și
h) Se ornează cu ardeiul tăiat felii și ceai

## 33. Agedashi Tofu

## INGREDIENTE:
- Ulei aromat, trei căni
- Amidon de porumb, patru linguri
- Sos de soia, două linguri
- Katsuobishi, după cum este necesar
- Tofu, un bloc
- Mirin, două linguri
- Ridiche Daikon, după cum este necesar
- Ceapa verde, după cum este necesar
- Shichimi Togarashi, o mână
- Dashi, o ceașcă

## INSTRUCȚIUNI:
a) Înfășurați tofu-ul cu trei straturi de prosoape de hârtie și puneți o altă farfurie deasupra. Scurgeți apa din tofu timp de cincisprezece minute.
b) Curățați și daikonul pe răzătoare și stoarceți ușor apa. Tăiați ceapa verde în felii subțiri.
c) Puneți dashi, sosul de soia și mirinul într-o cratiță mică și aduceți la fiert.
d) Scoateți tofu-ul din prosoape de hârtie și tăiați-l în opt bucăți.
e) Ungeți tofu cu amidon de cartofi, lăsând făină în exces și prăjiți imediat până când devine maro deschis și crocant.
f) Scoateți tofu și scurgeți excesul de ulei pe o farfurie tapetată cu prosoape de hârtie sau cu grătar.
g) Pentru a servi, pune tofu într-un bol de servire și toarnă ușor sosul fără a uda tofu.

## 34.Orez shiso susan

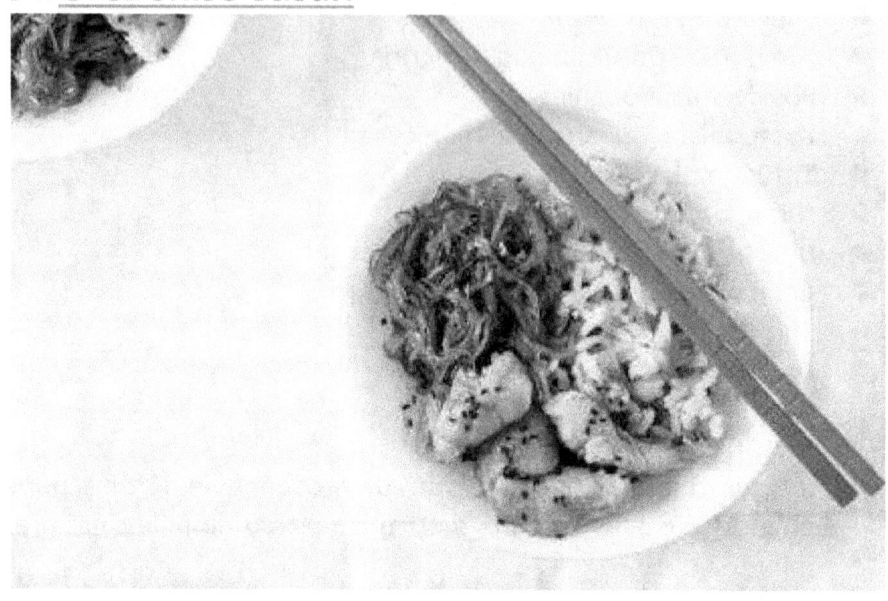

**INGREDIENTE :**
- 2 căni. orez fiert (bob scurt)
- 12 frunze de shiso
- 6 bucăți umeboshi, fără sâmburi și tocate
- 2 linguri de seminte de susan, frumos prajite

**INSTRUCȚIUNI:**
a) Într-un castron adânc curat, combinați orezul fiert, umeboshi, frunzele de shiso și semințele de susan.
b) Servi

## 35. Salată japoneză de cartofi

**INGREDIENTE :**
- 2 kilograme de cartofi rumeniți. Curățați, gătiți și piureați
- 3 castraveți. Taiate fin
- ¼ linguriță sare de mare
- 3 lingurițe de oțet de vin de orez
- 1 linguriță muștar japonez
- 7 linguri de maioneză japoneză
- 2 morcovi. Tăiați în sferturi și felii subțiri
- 1 bulb de ceapa rosie. Taiate fin

**INSTRUCȚIUNI:**
a) Puneți castraveții tăiați felii într-un castron, presărați puțină sare peste ei și lăsați-l să stea 12 minute. Scurgeți surplusul de apă și uscați castraveții într-un prosop de hârtie
b) Într-un castron mic, amestecați muștarul, maiaua și oțetul
c) Într-un alt castron mare, adăugați piureul de cartofi, amestecul de maia, castraveții și morcovii. Amestecați bine pentru a obține un amestec uniform

## 36.Natto

## INGREDIENTE:
- Ceapa verde, pentru ornat
- Natto, o lingură
- Sos de soia, jumătate de linguriță
- Saikkyo, o linguriță și jumătate
- Tofu, jumătate de bloc
- Miso, două linguri
- Semințe de wakame, o mână
- Dashi, două căni

## INSTRUCȚIUNI:
a) Aduceți dashi-ul la fiert într-o oală de supă și puneți lingura de natto în lichid. Se fierbe timp de două minute.
b) Puneți pastele de miso în oală și folosiți dosul unei linguri pentru a dizolva pastele în dashi.
c) Adăugați wakame și tofu și fierbeți încă 30 de secunde.
d) Se ornează cu ceai.
e) Serviți imediat.

## 37.Nasu Dengaku

**INGREDIENTE:**
- vinete japoneze, trei
- Ulei aromat, o lingura
- Sake, două linguri
- Zahăr, două linguri
- Miso, patru linguri
- Semințe de susan, după cum este necesar
- Tofu, un bloc
- Mirin, două linguri
- Ridiche Daikon, trei
- Konnyaku, o mână

**INSTRUCȚIUNI:**
a) Combinați sake, mirin, zahăr și miso într-o cratiță.
b) Se amestecă bine pentru a se combina și apoi se aduce la foc mic la foc mic. Se amestecă constant și se fierbe câteva minute.
c) Înfășurați tofu-ul cu două foi de prosop de hârtie și apăsați tofu-ul între două farfurii timp de 30 de minute.
d) Așezați tofu și vinetele pe o foaie de copt cu ramă tapetată cu hârtie de copt sau o foaie de copt siliconată. Cu o pensulă, aplică ulei vegetal deasupra și dedesubtul tofu-ului și vinetelor.
e) Coaceți la 400 de grade timp de douăzeci de minute, sau până când vinetele sunt fragede.
f) Puneți cu grijă o parte din glazura miso pe tofu și vinete și întindeți uniform. Se fierb timp de cinci minute.

## 38. Tigaie cu tăiței Ramen cu friptură

**INGREDIENTE:**
- Ceapa, una
- Morcovi, jumătate de cană
- Carne de vită tocată, jumătate de kilogram
- Ulei de canola, o lingură
- Ketchup, două linguri
- Sare si piper, dupa gust
- Amidon de porumb, o linguriță
- Bulion de vită, o cană
- Sake, o lingură
- Ou fiert, unul
- Sos Worcestershire, o lingură

**INSTRUCȚIUNI:**
a) Într-o tigaie mare, la foc mediu-mare, încălziți uleiul.
b) Adăugați friptura și prăjiți până la finalizarea dorită, aproximativ cinci minute pe fiecare parte pentru mediu, apoi transferați-o pe o placă de tăiat și lăsați-o să se odihnească timp de cinci minute, apoi feliați-o.
c) Într-un castron mic, amestecați sosul de soia, usturoiul, sucul de lămâie, mierea și cayenne până se combină și lăsați deoparte.
d) Adăugați ceapa, ardeii și broccoli în tigaie și gătiți până când se înmoaie, apoi adăugați amestecul de sos de soia și amestecați până când este complet acoperit.
e) Adăugați tăițeii ramen fierți și friptura și amestecați până se combină.

## 39. Cheesy Ramen Carbonara

**INGREDIENTE:**
- Dashi, o ceașcă
- Ulei de măsline, o lingură
- Felii de bacon, șase
- Sare, după cum este necesar
- Usturoi tocat, doi
- Pătrunjel, după cum este necesar
- Parmezan, jumătate de cană
- Lapte, două linguri
- Ouă, două
- Pachet de ramen, trei

**INSTRUCȚIUNI:**
a) Combinați toate ingredientele .
b) Fierbeți tăițeii conform instrucțiunilor de pe ambalaj.
c) Păstrați un sfert de cană de apă de gătit pentru a slăbi mai târziu sosul, dacă este necesar. Scurgeți tăițeii și amestecați cu ulei de măsline pentru a nu se lipi.
d) Încinge tigaia medie la foc mediu. Gătiți bucățile de bacon până când se rumenesc și sunt crocante. Adaugati taiteii in tigaie si amestecati cu bacon pana cand taiteii sunt acoperiti cu grasimea de bacon.
e) Bate ouale cu furculita si amesteca cu parmezan. Se toarnă amestecul de ou-brânză în tigaie și se amestecă cu slănină și tăiței.

## 40.Patru - Ingrediente ramen

**INGREDIENTE :**
- 1 pachet (3 oz.) taitei ramen, orice aromă
- 2 căni de apă
- 2 linguri de unt
- 1/4 cană lapte

**INSTRUCȚIUNI:**
a) Pune o oală la foc mediu și umple cea mai mare parte cu apă. Gătiți-l până când începe să fiarbă.
b) Se amestecă în ea tăițeii și se lasă să fiarbă 4 minute. aruncați apa și puneți tăițeii într-o oală goală.
c) Se amestecă în el laptele cu untul și amestecul de condimente. Gătiți-le timp de 3 până la 5 minute la foc mic până devin cremoase. Serviți-l cald. Bucurați-vă.

## 41. lasagna ramen

**INGREDIENTE :**
- 2 pachete (3 oz.) taitei ramen
- 1 lb. carne de vită măcinată
- 3 oua
- 2 C. brânză măruntită
- 1 lingura ceapa tocata
- 1 C. sos de spaghete

**INSTRUCȚIUNI:**
a) Înainte de a face ceva, preîncălziți cuptorul la 325 F.
b) Pune o tigaie mare la foc mediu. Gatiti in ea carnea de vita cu 1 pachet de condimente si ceapa timp de 10 minute.
c) Transferați carnea de vită într-o tavă unsă cu unt. Bateți ouăle și gătiți-le în aceeași tigaie până sunt gata.
d) Acoperiți carnea de vită cu 1/2 C. de brânză măruntită, urmată de ouăle fierte și încă 1/2 C. de brânză.
e) Gătiți tăițeii ramen conform instrucțiunilor de pe ambalaj. Scurge-l și amestecă-l cu sosul de spaghete.
f) Întindeți amestecul pe tot stratul de brânză. Acoperiți-l cu brânză rămasă. Gătiți-l la cuptor timp de 12 minute. servește-ți lasagna caldă. Bucurați-vă.

## 42. Cotlet de porc fierbinte Ramen

**INGREDIENTE:**
- Cotlete de porc de 1 kg
- 4 linguri de sos chinezesc BBQ
- 3 lingurite ulei de arahide
- 2 căni de ceapă verde, feliată
- 2-3 catei de usturoi, tocati
- 1 lingurita de ghimbir, tocat
- 5 căni de supă de pui
- 3 linguri sos de soia
- 3 linguri sos de peste
- 2 pachete taitei ramen, fierti
- 5 bucăți bok choy, tăiate în sferturi
- 1 Chile roșu, feliat
- 8 ouă
- Ulei de gatit

**INSTRUCȚIUNI:**
a) Ungeți cotletele de porc cu sos Chines BBQ și lăsați-le deoparte timp de 15-20 de minute.
b) Încingeți puțin ulei de arahide într-o cratiță la foc mediu și gătiți ceapa, usturoiul și ghimbirul, gătiți timp de 2-3 minute.
c) Adăugați bulionul, usturoiul, sosul de soia, 2 căni de apă, sosurile de pește, ghimbirul, chili roșu. Lasam sa fiarba si adaugam bok choy. Gatiti 2-3 minute.
d) Se ia de pe foc. Pune partea.
e) Preîncălziți grătarul la foc mare.
f) Pulverizați cotletele de porc cu puțin ulei de gătit, puneți-le pe grătarul fierbinte până se rumenesc.
g) Întoarceți-le și din altă parte timp de 3-4 minute și apoi transferați-le pe o farfurie.
h) Împărțiți ramenul în 4 boluri.
i) Puneți bok choy peste tăiței și stropiți cu niște supă fierbinte.
j) Se aseaza cotletele de porc si se orneaza cu ceapa tocata.
k) Acoperiți cu ouă și frunze de coriandru.

## 43.Porc Miso și Ramen

**INGREDIENTE:**
- 2 kilograme de picioare de porc, tăiate în forme rotunde de 1 inch
- 2 kg pui, dezosat, tăiat fâșii
- 2 linguri ulei de gatit
- 1 ceapa, tocata
- 8-10 catei de usturoi, tocati
- Feliie de ghimbir de 1 inch, tocata
- 2 praz, tocat
- ½ kilogram de ceai verde, parte albă și verde separate, tocate
- 1 cană de ciuperci, feliate
- 2 kilograme de umăr de porc, tocat
- 1 cană pastă miso
- ¼ cană shoyu
- ½ lingură mirin
- Sarat la gust

**INSTRUCȚIUNI:**

a) Transferați carnea de porc și pui într-o oală și adăugați multă apă până se acoperă. Se pune pe arzator la foc mare si se aduce la fierbere. Luați de pe foc când este gata.

b) Încinge puțin ulei de gătit într-o fontă la foc mare și gătește ceapa, usturoiul și ghimbirul timp de aproximativ 15 minute sau până se rumenesc. Pus deoparte.

c) Transferați oasele fierte într-o oală cu legume, umărul de porc, prazul, albușul de ceață, ciupercile. Completați cu apă rece. Se lasa sa fiarba la foc mare 20 de minute. Reduceți focul și fierbeți și acoperiți cu un capac timp de 3 ore.

d) Acum, scoateți umărul cu o spatulă. Și puneți-l într-un recipient și lăsați-l la frigider. Puneți capacul înapoi pe oală și gătiți din nou timp de 6 până la 8 ore.

e) Strecurați bulionul și îndepărtați solidele. Bateți misoul, 3 linguri de shoyu și puțină sare.

f) Tocați carnea de porc și amestecați-o cu shoyu și mirin. Asezonați cu sare.

g) Puneți niște bulion peste tăiței și acoperiți cu usturoi-san-chili ars. Pune carnea de porc în boluri.

h) Acoperiți cu ouă și alt produs dorit.

## 44.Pui la cuptor Katsu

### INGREDIENTE:
- Bucăți de piept de pui dezosate, o kilogram
- Panko, o ceașcă
- Făină universală, jumătate de cană
- Apă, o lingură
- Ou, unul
- Sare si piper, dupa gust
- Sos tonkatsu, după caz

### INSTRUCȚIUNI:
a) Combinați panko și uleiul într-o tigaie și prăjiți la foc mediu până se rumenește. Transferați panko într-un vas puțin adânc și lăsați să se răcească.
b) Întinde pieptul de pui și taie în jumătate. Asezonați sare și piper pe ambele părți ale puiului.
c) Într-un vas puțin adânc, adăugați făină și într-un alt vas puțin adânc, amestecați oul și apa.
d) Ungeți fiecare bucată de pui în făină și scuturați excesul de făină. Scufundați în amestecul de ouă și apoi acoperiți cu panko prăjit, apăsând ferm pentru a adera la pui.
e) Puneți bucățile de pui pe foaia de copt pregătită timp de aproximativ douăzeci de minute. Serviți imediat sau transferați pe un grătar, astfel încât partea de jos a katsu-ului să nu se ude de umezeală.

## 45. Curry de vită măcinat Hayashi

**INGREDIENTE:**
- Ceapa, una
- Morcovi, jumătate de cană
- Carne de vită tocată, jumătate de kilogram
- Ulei de canola, o lingura
- Ketchup, două linguri
- Sare si piper, dupa gust
- Amidon de porumb, o linguriță
- Bulion de vită, o cană
- Sake, o lingură
- Ou fiert, unul

**INSTRUCȚIUNI:**
a) Se fierbe ouăle și se taie în bucăți mici sau se pasează cu o furculiță. Se condimentează bine cu sare și piper.
b) Încinge uleiul și adaugă ceapa și morcovii.
c) Se presară amidon de porumb deasupra cărnii de vită măcinate și se adaugă la legume. Adăugați un sfert de cană bulion de vită și spargeți carnea de vită în timp ce amestecați.
d) Adăugați bulion de vită, ketchup, sake și sos Worcestershire.
e) Se amestecă bine și se fierbe timp de zece minute sau până când tot lichidul s-a evaporat. Asezonați cu sare și piper.
f) Prăjiți ceapa într-o tigaie separată până devine crocantă.

## 46.Pui Teriyaki

**INGREDIENTE:**
- Ulei de susan, o lingurita
- Broccoli, pentru servire
- Miere, o linguriță
- Ketchup, două linguri
- Sare si piper, dupa gust
- Amidon de porumb, o linguriță
- Orez alb fiert, o cană
- Usturoi și ghimbir, o lingură
- Ou fiert, unul
- Sos de soia, o lingura

**INSTRUCȚIUNI:**
a) Într-un castron mediu, amestecați sosul de soia, oțetul de orez, uleiul, mierea, usturoiul, ghimbirul și amidonul de porumb.
b) Într-o tigaie mare, la foc mediu, încălziți uleiul. Adăugați puiul în tigaie și asezonați cu sare și piper. Gatiti pana devin aurii si aproape fierti.
c) Acoperiți puiul și fierbeți până când sosul se îngroașă ușor și puiul este gătit.
d) Se ornează cu semințe de susan și ceapă verde.
e) Serviți peste orez cu broccoli aburit.

## 47.Bol japonez cu somon

**INGREDIENTE:**
- Sos chili, o lingurita
- Sos de soia, o lingurita
- Orez, două căni
- Ulei de susan, o lingura
- Ghimbir, două linguri
- Sare si piper, dupa gust
- Seminte de susan, o lingurita
- Otet, o lingurita
- Nori mărunțit, după cum este necesar
- Somon, jumătate de kilogram
- Varză mărunțită, o cană

**INSTRUCȚIUNI:**
a) Puneti orezul, trei cani de apa si jumatate de lingurita de sare intr-o oala mare si aduceti la fiert si gatiti timp de cincisprezece minute sau pana cand apa este absorbita.
b) Puneti intr-un castron otetul, sosul de soia, sosul chili, uleiul de susan, semintele de susan si ghimbirul si amestecati bine.
c) Adăugați somonul și amestecați ușor până când este complet acoperit.
d) Puneți varza mărunțită și uleiul de susan într-un bol și amestecați până se omogenizează bine.
e) Pune o lingura mare de orez in fiecare bol, adauga varza si stoarce peste maioneza.

## 48.Pui în oală/Mizutaki

**INGREDIENTE:**
- Negi, unu
- Mizuna, patru
- Varză Napa, opt
- Morcov, jumătate de cană
- Pulpe de pui, un kilogram
- Kombu, jumătate de kilogram
- Sake, o linguriță
- Ghimbir, o linguriță
- Semințe de susan, după cum este necesar

**INSTRUCȚIUNI:**
a) Se amestecă toate ingredientele .
b) Într-un castron mare, adăugați cinci căni de apă și kombu pentru a prepara kombu dashi. Dați deoparte în timp ce pregătiți puiul.
c) Umpleți o oală medie cu apă și adăugați bucățile de pulpă de pui cu os și piele. Dați focul pe mediu-mic.
d) În cold brew kombu dashi, adăugați bucățile de pulpă de pui pe care tocmai le-ați clătit.
e) Adăugați, de asemenea, sakeul bucăților de pui și ghimbirul.
f) Se aduce la fierbere la foc mediu.
g) Reduceți focul la mediu-mic și gătiți acoperit timp de treizeci de minute. În acest timp, începeți să pregătiți alte ingrediente . După treizeci de minute, scoateți și aruncați feliile de ghimbir.

## 49. Biban japonez de ghimbir

## INGREDIENTE:
- 2 lingurițe de pastă albă miso
- 6 oz. bucată de biban de mare
- 1 ¼ linguriță mirin
- 1 lingurita suc proaspat de ghimbir
- 1 lingurita zahar
- 3 lingurițe de sake

## INSTRUCȚIUNI:
a) Într-un castron mediu curat, combinați toate ingredientele, cu excepția sake-ului. Se amestecă bine și se lasă deoparte.
b) Puneți bucata de pește în conținutul amestecat, adăugați sake-ul și amestecați până se acoperă bine
c) Se lasa la congelator timp de 4 ore
d) Preîncălziți grătarul și puneți peștele pe grătar
e) Se prăjește, se amestecă dintr-o parte în alta până se rumenește complet și este fiert.
f) Transferați basul pe un platou și serviți

## 50.teriyaki fantezist japonez

## INGREDIENTE:
- 2 lb somon
- 3 linguri de ceapa verde tocata
- 2 linguri de seminte de susan alb-negru
- ½ cană ulei de măsline extravirgin
- Sos teriyaki
- 4 linguri de sos de soia
- 1 cană mirin
- 2 ½ cană. Zahăr

## INSTRUCȚIUNI:
a) Faceți sosul teriyaki adăugând toate ingredientele de sub titlu într-o cratiță și gătiți-l la foc mic până se îngroașă. Se ia de pe foc si se pune la racit
b) Turnați puțin ulei într-o tigaie antiaderentă și puneți acolo somonul. acoperiți tigaia și gătiți somonul la foc moderat până se rumenește uniform.
c) Preparați într-un platou și turnați peste el sosul teriyaki
d) Si se orneaza cu seminte de susan alb si ceapa verde tocata

# MÂNCARE INDIANĂ DE CONFORT

## 51.Bol cu orez Tikka cu pui

**INGREDIENTE:**
- O cană de bucăți de pui dezosate
- Două căni de orez
- Două căni de apă
- Două linguri de pudră de chili roșu
- O lingurita de praf de garam masala
- O lingură de ulei de gătit
- Două linguri de tikka masala
- Sarat la gust
- Piper negru după gust
- Două linguri de pudră de coriandru
- O lingurita de chimen pudra
- O lingurita de usturoi zdrobit

**INSTRUCȚIUNI:**
a) Luați o tigaie cu sos.
b) Adăugați apa în tigaie.
c) Adăugați orezul și gătiți bine timp de aproximativ zece minute.
d) Luați o tigaie mare.
e) Adăugați usturoiul tocat în tigaie.
f) Adăugați condimentele în tigaie.
g) Gatiti bine amestecul timp de aproximativ zece minute pana cand sunt prajiti.
h) Adăugați bucățile de pui în tigaie.
i) Gătiți bine ingredientele timp de aproximativ cincisprezece minute.
j) Adăugați orezul într-un castron.
k) Adăugați amestecul de pui tikka deasupra.
l) Felul tău de mâncare este gata să fie servit.

## 52.Bol cu orez brun cu curry

**INGREDIENTE:**
- O jumătate de kilogram de legume
- Două cepe
- Două linguri de ulei de canola
- O cană de orez brun fiert
- Două căni de apă
- O lingurita de ghimbir
- Două roşii
- Patru catei de usturoi
- Doi ardei iute verzi
- Sarat la gust
- O lingurita de piper rosu curry
- Piper negru după gust
- O lingurita de frunze de coriandru
- Jumătate de linguriță de garam masala
- O linguriță de seminţe de muştar negru
- O linguriță de seminţe de chimen

**INSTRUCȚIUNI:**
a) Luaţi o tigaie şi adăugaţi uleiul în ea.
b) Încinge uleiul şi adaugă ceapa în el.
c) Prăjiţi ceapa până devine maro deschis.
d) Adăugaţi seminţele de chimen şi seminţele de muştar în tigaie.
e) Prăjiţi-le bine şi adăugaţi sare şi piper şi ardei iute verzi.
f) Adăugaţi în ea turmericul, ghimbirul şi căţeii de usturoi.
g) Adăugaţi legumele şi ardeiul curry roşu în tigaie.
h) Amestecaţi-le bine şi continuaţi să gătiţi timp de cincisprezece minute.
i) Adăugaţi orez brun într-un castron.
j) Adăugaţi amestecul pregătit deasupra.
k) Adăugaţi frunzele de coriandru şi garam masala pentru ornat.
l) Felul tău de mâncare este gata să fie servit.

## 53.Bol cu orez cu brânză

**INGREDIENTE:**
- O jumătate de kilogram de brânză amestecată
- Două cepe
- Două linguri de ulei de canola
- O cană de orez brun fiert
- Două căni de apă
- O lingurita de ghimbir
- Două roșii
- Patru catei de usturoi
- Doi ardei iute verzi
- Sarat la gust
- O lingurita de piper rosu curry
- Piper negru după gust
- O lingurita de frunze de coriandru
- Jumătate de linguriță de garam masala
- O linguriță de semințe de muștar negru
- O linguriță de semințe de chimen

**INSTRUCȚIUNI:**
a) Luați o tigaie și adăugați uleiul în ea.
b) Încinge uleiul și adaugă ceapa în el.
c) Prăjiți ceapa până devine maro deschis.
d) Adăugați semințele de chimen și semințele de muștar în tigaie.
e) Prăjiți-le bine și adăugați sare și piper și ardei iute verzi.
f) Adăugați în ea turmericul, ghimbirul și cățeii de usturoi.
g) Adăugați brânza, orezul și ardeiul curry roșu în tigaie.
h) Amestecați-le bine și continuați să gătiți timp de cincisprezece minute.
i) Adăugați orez brun într-un castron.
j) Felul tău de mâncare este gata să fie servit.

## 54.Bol de orez indian cu curry de oaie

**INGREDIENTE:**
- O jumătate de kilogram de bucăți de oaie
- Două cepe
- Două linguri de ulei de canola
- O cană de orez fiert
- Două căni de apă
- O lingurita de ghimbir
- Două roșii
- Patru catei de usturoi
- Șase ardei iute verzi
- Sarat la gust
- O lingurita de piper rosu curry
- Piper negru după gust
- O lingurita de frunze de coriandru
- Jumătate de linguriță de garam masala
- O linguriță de semințe de muștar negru
- O linguriță de semințe de chimen

**INSTRUCȚIUNI:**
a) Luați o tigaie și adăugați uleiul în ea.
b) Încinge uleiul și adaugă ceapa în el.
c) Prăjiți ceapa până devine maro deschis.
d) Adăugați semințele de chimen și semințele de muștar în tigaie.
e) Prăjiți-le bine și adăugați sare și piper și ardei iute verzi.
f) Adăugați în ea turmericul, ghimbirul și cățeii de usturoi.
g) Adăugați carnea de oaie și ardeiul curry roșu în tigaie.
h) Amestecați-le bine și continuați să gătiți timp de cincisprezece minute.
i) Adăugați orezul într-un castron.
j) Adăugați amestecul pregătit deasupra.
k) Adăugați frunzele de coriandru și garam masala pentru ornat.
l) Felul tău de mâncare este gata să fie servit.

## 55.Bol indian cu curry cremos

**INGREDIENTE:**
- O jumătate de kilogram de legume
- Două cepe
- Două linguri de ulei de canola
- O cană de orez fiert
- Două căni de apă
- O lingurita de ghimbir
- Două roșii
- Patru catei de usturoi
- Doi ardei iute verzi
- O cană de smântână groasă
- Sarat la gust
- O lingurita de piper rosu curry
- Piper negru după gust
- O lingurita de frunze de coriandru
- Jumătate de linguriță de garam masala
- O linguriță de semințe de muștar negru
- O linguriță de semințe de chimen

**INSTRUCȚIUNI:**
a) Luați o tigaie și adăugați uleiul în ea.
b) Încinge uleiul și adaugă ceapa în el.
c) Prăjiți ceapa până devine maro deschis.
d) Adăugați semințele de chimen și semințele de muștar în tigaie.
e) Prăjiți-le bine și adăugați sare și piper și ardei iute verzi.
f) Adăugați în ea turmericul, ghimbirul și cățeii de usturoi.
g) Adăugați legumele, smântâna groasă și ardeiul curry roșu în tigaie.
h) Amestecați-le bine și continuați să gătiți timp de cincisprezece minute.
i) Adăugați orezul într-un castron.
j) Adăugați amestecul pregătit deasupra.
k) Adăugați frunzele de coriandru și garam masala pentru ornat.
l) Felul tău de mâncare este gata să fie servit.

## 56.Bol cu orez indian cu lămâie

**INGREDIENTE:**
- Două linguri de ulei de canola
- O cană de ierburi proaspete
- O cană de lămâi feliate
- O lingură de pudră de chili roșu
- Două linguri de suc de lămâie
- O lingurita de usturoi si pasta de ghimbir
- O lingurita de fulgi de chili
- Jumătate de linguriță de chimen pudră
- O lingură de pudră de coriandru
- Sare
- Două căni de orez fiert

**INSTRUCȚIUNI:**
a) Luați o cratiță și adăugați uleiul în ea.
b) Încinge uleiul și adaugă bucățile de lămâie, sare și piper în el.
c) Gătiți-l câteva minute până când lămâia devine moale.
d) Adăugați în ea usturoiul, ghimbirul și fulgii de ardei iute.
e) Gătiți-l până când amestecul devine parfumat.
f) Adăugați condimentele în amestec și gătiți.
g) Adăugați orezul în două boluri.
h) Împărțiți amestecul fiert în două boluri.
i) Adăugați ierburile proaspete deasupra.
j) Felul tău de mâncare este gata să fie servit.

## 57.Bol indian Buddha de conopidă

**INGREDIENTE:**
- O cană de buchețe de conopidă
- Două căni de quinoa
- Două căni de apă
- Două linguri de pudră de chili roșu
- O lingurita de praf de garam masala
- O lingură de ulei de gătit
- Două căni de spanac
- Două căni de ardei gras roșu
- Jumătate de cană de caju prăjite
- Sarat la gust
- Piper negru după gust
- Două linguri de pudră de coriandru
- O lingurita de chimen pudra
- O lingurita de usturoi zdrobit

**INSTRUCȚIUNI:**
a) Luați o tigaie cu sos.
b) Adăugați apa în tigaie.
c) Adăugați quinoa și gătiți bine timp de aproximativ zece minute.
d) Luați o tigaie mare.
e) Adăugați usturoiul tocat în tigaie.
f) Adăugați condimentele în tigaie.
g) Gatiti bine amestecul timp de aproximativ zece minute pana cand sunt prajiti.
h) Adăugați spanacul, conopida și ardeiul gras în tigaie.
i) Gătiți bine ingredientele timp de aproximativ cincisprezece minute.
j) Adăugați quinoa într-un castron.
k) Adăugați deasupra conopida masala.
l) Peste conopida se adauga caju prajite.
m) Felul tău de mâncare este gata să fie servit.

## 58.Bol de linte indiană la grătar

**INGREDIENTE:**
- Două linguri de ulei de canola
- O cană de ierburi proaspete
- O lingură de pudră de chili roșu
- Două căni de linte la grătar
- O lingurita de usturoi si pasta de ghimbir
- O lingurita de fulgi de chili
- Jumătate de linguriță de chimen pudră
- O lingură de pudră de coriandru
- Sare
- Jumătate de cană de sos de mentă
- Două căni de orez fiert

**INSTRUCȚIUNI:**
a) Luați o cratiță și adăugați uleiul în ea.
b) Încinge uleiul și adaugă în el lintea la grătar, sare și piper.
c) Adăugați în el usturoiul, ghimbirul și fulgii de chili roșu.
d) Gătiți-l până când amestecul devine parfumat.
e) Adăugați condimentele în amestec și gătiți.
f) Adăugați orezul în două boluri.
g) Împărțiți amestecul gătit în două boluri.
h) Adăugați deasupra ierburile proaspete și sosul de mentă.
i) Felul tău de mâncare este gata să fie servit.

# ALIMENTARE CHINEZĂ CONFORTĂ

## 59. Orez prăjit cu pui chinezesc

**INGREDIENTE:**
- O lingură de sos de pește
- O lingură de sos de soia
- Jumătate de linguriță de cinci condimente chinezești
- Două linguri de sos de usturoi chili
- Doi ardei iute roșii
- Un jalapeno mare
- Jumătate de cană de ceapă verde feliată
- O linguriță de boabe de piper alb
- O lingurita de ghimbir proaspat
- Jumătate de cană de frunze proaspete de coriandru
- Un sfert de frunze proaspete de busuioc
- O cană de bulion de pui
- O linguriță de lemongrass tocată
- O lingurita de usturoi tocat
- Două linguri de ulei de susan
- Un ou
- Jumătate de cană de pui
- Două căni de orez brun fiert

**INSTRUCȚIUNI:**
a) Ia un wok.
b) Adăugați în wok iarbă de lămâie tocată, boabe de piper alb, usturoi tocat, cinci condimente chinezești, ardei iute roșu, frunze de busuioc și ghimbir.
c) Adăugați bucățile de pui în tigaie.
d) Se prăjesc bucățile de pui.
e) Adăugați bulionul de pui și sosurile în amestecul wok.
f) Gatiti vasul timp de zece minute.
g) Adăugați orezul brun fiert în amestec.
h) Se amestecă bine orezul și se fierbe timp de cinci minute.
i) Amestecă totul împreună.
j) Adăugați coriandru în farfurie.
k) Se amestecă orezul și se prăjește câteva minute.
l) Adăugați orezul în boluri.
m) Prăjiți ouăle unul câte unul.
n) Puneți oul prăjit deasupra vasului.
o) Felul tău de mâncare este gata să fie servit.

# 60.Bol cu legume picant

**INGREDIENTE:**
- Două căni de orez brun
- O cană de sos sriracha
- O cană de castraveți
- Două linguri de ridiche murată
- O lingură de piper Sichuan
- O lingură de oțet de orez
- O cană de varză roșie
- O cană de muguri
- Două linguri de arahide prăjite
- Două căni de apă
- Sarat la gust
- Piper negru după gust
- Două linguri de sos de soia
- O lingurita de usturoi zdrobit

**INSTRUCȚIUNI:**
a) Luați o tigaie cu sos.
b) Adăugați apa în tigaie.
c) Adăugați orezul brun și gătiți bine timp de aproximativ zece minute.
d) Gatiti legumele intr-o tigaie.
e) Adăugați piper Sichuan și restul de condimente și sos în tigaie.
f) Se amestecă bine ingredientele.
g) Dați mâncare când este gata.
h) Adăugați orez brun într-un castron.
i) Adăugați legumele deasupra.
j) Felul tău de mâncare este gata să fie servit.

# 61. Bol chinezesc pentru curcan măcinat

**INGREDIENTE:**
- Două linguriţe de vin de orez
- O lingurita de zahar tos
- Un sfert de lingurita de piper Sichuan
- Două linguriţe de chili roşu tocat
- Piper negru
- Sare
- O lingura de usturoi tocat
- O lingură de sos de stridii
- O lingură de sos de soia uşor
- Jumatate de cana de ceapa primavara tocata marunt
- Două linguriţe de ulei de susan
- Patru linguriţe de sos de soia închis la culoare
- Două căni de curcan măcinat
- Două căni de orez fiert

**INSTRUCŢIUNI:**
a) Luaţi o tigaie mare.
b) Se incinge uleiul intr-o tigaie si se adauga curcanul in el.
c) Adăugaţi usturoiul tocat în tigaie.
d) Adăugaţi vinul de orez în tigaie.
e) Gatiti bine amestecul timp de aproximativ zece minute pana cand sunt prajiti.
f) Adăugaţi în tigaie zahăr tos, ardei Sichuan, ardei iute roşu, sos de soia închis, sos de stridii, sos uşor de soia, piper negru şi sare.
g) Gătiţi bine ingredientele timp de aproximativ cincisprezece minute.
h) Adăugaţi orezul în două boluri.
i) Adăugaţi amestecul de curcan fiert deasupra.
j) Felul tău de mâncare este gata să fie servit.

# 62.Boluri de orez cu carne de vită măcinată

**INGREDIENTE:**
- Două lingurițe de vin de orez
- O lingurita de zahar tos
- Un sfert de lingurita de piper Sichuan
- Două lingurițe de chili roșu tocat
- Piper negru
- Sare
- O lingura de usturoi tocat
- O lingură de sos de stridii
- O lingură de sos de soia ușor
- Jumatate de cana de ceapa primavara tocata marunt
- Două lingurițe de ulei de susan
- Patru lingurițe de sos de soia închis la culoare
- Două căni de carne de vită măcinată
- Două căni de orez fiert

**INSTRUCȚIUNI:**
a) Luați o tigaie mare.
b) Se încălzește uleiul într-o tigaie și se adaugă carnea de vită în el.
c) Adăugați usturoiul tocat în tigaie.
d) Adăugați vinul de orez în tigaie.
e) Gatiti bine amestecul timp de aproximativ zece minute pana cand sunt prajiti.
f) Adăugați în tigaie zahăr tos, ardei Sichuan, ardei iute roșu, sos de soia închis, sos de stridii, sos ușor de soia, piper negru și sare.
g) Gătiți bine ingredientele timp de aproximativ cincisprezece minute.
h) Adăugați orezul în două boluri.
i) Adăugați deasupra amestecul de carne de vită fiartă.
j) Felul tău de mâncare este gata să fie servit.

# 63.Bol cu orez crocant

**INGREDIENTE:**
- Două căni de orez brun fiert
- O cană de sos sriracha
- O lingură de tamari
- O lingură de oțet de orez
- Sarat la gust
- Piper negru după gust
- Două linguri de sos de soia
- O lingurita de usturoi zdrobit
- Două linguri de ulei de gătit
- O cană de dressing crocant de orez

**INSTRUCȚIUNI:**
a) Se adauga uleiul intr-o tigaie.
b) Adăugați orezul fiert în tigaie.
c) Amesteca bine orezul.
d) Lasă-l să devină crocant.
e) Gatiti aproximativ zece minute.
f) Luați un castron mic.
g) Adăugați restul ingredientelor în bol.
h) Se amestecă bine ingredientele.
i) Adăugați orezul crocant într-un castron.
j) Stropiți deasupra sosul preparat.
k) Felul tău de mâncare este gata să fie servit.

## 64. Bol de orez lipicios savuros

**INGREDIENTE:**
- O lingură de sos de stridii
- Doi ardei chili chinezești
- O cană de ceai verde
- Jumatate de lingura de sos de soia
- Două lingurițe de usturoi tocat
- Trei linguri de ulei de gătit
- Jumătate de cană de sos iute
- Două căni de legume amestecate
- Sare la nevoie
- Coriandru proaspăt tocat pentru ornat
- O cană de cârnați
- O cană de orez lipicios fiert

**INSTRUCȚIUNI:**
a) Luați o tigaie mare.
b) Adăugați uleiul de gătit în tigaie și încălziți-l.
c) Adăugați legumele și ceaiul verde în tigaie și prăjiți-l.
d) Adăugați cârnații și gătiți bine.
e) Adăugați usturoiul tocat în tigaie.
f) Adăugați în amestec sosul de soia, sosul de pește, ardeiul chili chinezesc, sosul iute și restul ingredientelor.
g) Gătiți vasul timp de zece minute.
h) Îndepărtați ingredientele.
i) Adăugați orezul lipicios în boluri.
j) Adăugați amestecul pregătit deasupra.
k) Ornează bolurile cu frunze de coriandru proaspăt tocate.
l) Felul tău de mâncare este gata să fie servit.

## 65.Bol de vită Hoisin

**INGREDIENTE:**
- Două căni de orez brun
- O cană de sos hoisin
- O lingură de piper Sichuan
- O lingură de oțet de orez
- Două căni de fâșii de vită
- Două căni de apă
- Sarat la gust
- Piper negru după gust
- Două linguri de sos de soia
- O lingurita de usturoi zdrobit

**INSTRUCȚIUNI:**
a) Luați o tigaie cu sos.
b) Adăugați apa în tigaie.
c) Adăugați orezul brun și gătiți bine timp de aproximativ zece minute.
d) Gătiți fâșiile de vită într-o tigaie.
e) Adăugați sosul hoisin și restul de condimente și sos în tigaie.
f) Se amestecă bine ingredientele.
g) Dați mâncare când este gata.
h) Adăugați orez brun într-un castron.
i) Adăugați amestecul de vită deasupra.
j) Felul tău de mâncare este gata să fie servit.

## 66. Bol cu orez cu carne de porc și ghimbir

**INGREDIENTE:**
- Două linguriţe de vin de orez
- Un sfert de lingurita de piper Sichuan
- Piper negru
- Sare
- O lingură de ghimbir tocat
- O lingură de sos de stridii
- O lingură de sos de soia uşor
- Două linguriţe de ulei de susan
- Patru linguriţe de sos de soia închis la culoare
- Două căni de carne de porc măcinată
- Două căni de orez fiert

**INSTRUCŢIUNI:**
a) Luaţi o tigaie mare.
b) Se incinge uleiul intr-o tigaie si se adauga carnea de porc in el.
c) Adăugaţi ghimbirul tocat în tigaie.
d) Adăugaţi vinul de orez în tigaie.
e) Gatiti bine amestecul timp de aproximativ zece minute pana cand sunt prajiti.
f) Adăugaţi în tigaie zahăr tos, ardei Sichuan, ardei iute roşu, sos de soia închis, sos de stridii, sos uşor de soia, piper negru şi sare.
g) Gătiţi bine ingredientele timp de aproximativ cincisprezece minute.
h) Adăugaţi orezul în două boluri.
i) Adăugaţi deasupra amestecul de carne de porc fiartă.
j) Felul tău de mâncare este gata să fie servit.

# 67.Poke Bowl vegan cu sos de susan

**INGREDIENTE:**
- O ceașcă de edamame
- Un morcov tocat
- Două căni de orez
- Două căni de avocado feliat
- O cană de sos de susan
- O cană de castraveți
- O cană de varză mov
- O cană de cuburi crocante de tofu
- Două linguri de ghimbir
- O lingură de oțet de orez
- Două căni de apă
- Sarat la gust
- Piper negru după gust
- Două linguri de sos de soia ușor
- Două linguri de sos de soia închis la culoare
- O lingurita de usturoi zdrobit

**INSTRUCȚIUNI:**
a) Luați o tigaie cu sos.
b) Adăugați apa în tigaie.
c) Adăugați orezul și gătiți bine timp de aproximativ zece minute.
d) Adăugați restul, cu excepția ingredientelor pentru sosul de susan într-un castron.
e) Se amestecă bine ingredientele.
f) Adăugați orez brun într-un castron.
g) Adăugați deasupra legumele și tofu.
h) Stropiți deasupra sosul de susan.
i) Felul tău de mâncare este gata să fie servit.

## 68.Bol cu orez cu pui cu chili

**INGREDIENTE:**
- O linguriță de boabe de piper alb
- O lingurita de ghimbir proaspat
- O lingură de sos de pește
- O lingură de sos de soia
- Jumătate de linguriță de cinci condimente chinezești
- Două linguri de sos de usturoi chili
- O ceașcă de chili roșu chinezesc
- O linguriță de lemongrass tocată
- O lingurita de usturoi tocat
- Două lingurițe de ulei de susan
- O cană de bucăți de pui
- Două căni de orez fiert

**INSTRUCȚIUNI:**
a) Ia un wok.
b) Adăugați în wok iarbă de lămâie tocată, boabe de piper alb, usturoi tocat, cinci condimente chinezești, ardei iute roșu, frunze de busuioc și ghimbir.
c) Luați o tigaie antiaderentă.
d) Adăugați puiul în tigaie.
e) Gătiți ingredientele și tăiați-le.
f) Adăugați sosurile în amestecul wok.
g) Gătiți vasul timp de zece minute.
h) Adăugați puiul și gătiți-l timp de cinci minute.
i) Amestecați restul ingredientelor în el.
j) Gătiți vasul încă cinci minute.
k) Pune orezul în două boluri.
l) Adăugați amestecul de pui deasupra.
m) Felul tău de mâncare este gata să fie servit.

## 69. Tofu Buddha Bowl

**INGREDIENTE:**
- O lingură de sos de stridii
- Doi ardei chili chinezești
- O lingură de sos de pește
- Jumatate de lingura de sos de soia
- Două lingurițe de usturoi tocat
- Trei linguri de ulei de gătit
- Jumătate de cană de sos iute
- Două căni de legume amestecate
- Două căni de cuburi de tofu
- Sare la nevoie
- Coriandru proaspăt tocat pentru ornat
- Două căni de orez fiert
- O cană de alune prăjite
- O ceașcă de dressing de Buddha

**INSTRUCȚIUNI:**
a) Luați o tigaie mare.
b) Adăugați uleiul de gătit în tigaie și încălziți-l.
c) Adăugați legumele și tofu în tigaie și prăjiți-l.
d) Adăugați usturoiul tocat în tigaie.
e) Adăugați în amestec sosul de soia, sosul de pește, ardeiul chili chinezesc, sosul iute și restul ingredientelor.
f) Gatiti vasul timp de zece minute si adaugati putina apa pentru curry.
g) Îndepărtați ingredientele.
h) Adăugați orezul în boluri.
i) Adăugați amestecul pregătit și dressingul deasupra.
j) Ornează bolurile cu frunze de coriandru proaspăt tocate.
k) Felul tău de mâncare este gata să fie servit.

# 70. Dan Rice Bowl

**INGREDIENTE:**
- O cană de carne de porc măcinată
- O lingură de sos sriracha
- Jumatate de cana de telina tocata
- Jumătate de cană de ceapă verde tăiată felii
- O lingurita de vin de orez
- O lingurita de ghimbir proaspat
- O lingură de sos de soia
- Jumătate de linguriță de cinci condimente chinezești
- Jumătate de cană de frunze proaspete de coriandru
- Jumătate de cană de frunze proaspete de busuioc
- O cană de bulion de vită
- O lingurita de usturoi tocat
- Două linguri de ulei vegetal
- Două căni de orez fiert

**INSTRUCȚIUNI:**
a) Ia un wok.
b) Adăugați condimentele în wok.
c) Adăugați bulionul de vită și sosurile în amestecul wok.
d) Gatiti vasul timp de zece minute.
e) Adăugați carnea de porc în amestec.
f) Se amestecă bine carnea de porc și se fierbe timp de cinci minute.
g) Gatiti bine ingredientele si amestecati-le cu restul ingredientelor.
h) Reduceți căldura aragazului.
i) Adaugati taiteii uscati si apa intr-o tigaie separata.
j) Adăugați orezul fiert în boluri.
k) Adăugați amestecul fiert deasupra.
l) Adăugați coriandru deasupra.
m) Felul tău de mâncare este gata să fie servit.

# 71.Bol de orez cu pui măcinat

**INGREDIENTE:**
- Două lingurițe de vin de orez
- O lingurita de zahar tos
- Un sfert de lingurita de piper Sichuan
- Două linguriţe de chili roșu tocat
- Piper negru
- Sare
- O lingura de usturoi tocat
- O lingură de sos de stridii
- O lingură de sos de soia ușor
- Jumatate de cana de ceapa primavara tocata marunt
- Două linguriţe de ulei de susan
- Patru linguriţe de sos de soia închis la culoare
- Două căni de pui măcinat
- Două căni de orez fiert

**INSTRUCŢIUNI:**
a) Luați o tigaie mare.
b) Se incinge uleiul intr-o tigaie si se adauga puiul in el.
c) Adăugați usturoiul tocat în tigaie.
d) Adăugați vinul de orez în tigaie.
e) Gatiti bine amestecul timp de aproximativ zece minute pana cand sunt prajiti.
f) Adăugați în tigaie zahăr tos, ardei Sichuan, ardei iute roșu, sos de soia închis, sos de stridii, sos ușor de soia, piper negru și sare.
g) Gătiți bine ingredientele timp de aproximativ cincisprezece minute.
h) Adăugați orezul în două boluri.
i) Adăugați deasupra amestecul de pui fiert.
j) Felul tău de mâncare este gata să fie servit.

## 72.Bol cu tăiței cu lămâie

**INGREDIENTE:**
- O cană de tăiței de orez
- Jumătate de cană de suc de lămâie
- O cană de ceapă
- O cană de apă
- Două linguri de usturoi tocat
- Două linguri de ghimbir tocat
- Jumătate de cană de coriandru
- Două căni de legume
- Două linguri de ulei de măsline
- O cană de supă de legume
- O cana de rosii tocate

**INSTRUCȚIUNI:**
a) Luați o tigaie.
b) Adăugați uleiul și ceapa.
c) Gatiti ceapa pana devine moale si aromata.
d) Adăugați usturoiul tocat și ghimbirul.
e) Gatiti amestecul si adaugati rosiile in el.
f) Adăugați condimentele.
g) Adăugați în ea tăițeii de orez și sucul de lămâie.
h) Amestecați ingredientele cu grijă și acoperiți tava.
i) Adăugați legumele și restul ingredientelor.
j) Gatiti zece minute.
k) Împărțiți-l în două boluri.
l) Adăugați coriandru deasupra.
m) Felul tău de mâncare este gata să fie servit.

# 73.Bol cu orez cu pui cu usturoi și soia

**INGREDIENTE:**
- Două linguriţe de vin de orez
- O cană de soia
- Un sfert de lingurita de piper Sichuan
- Două linguriţe de chili roşu tocat
- Piper negru
- Sare
- O cană de bucăţi de pui
- O lingura de usturoi tocat
- Două linguri de ulei de susan
- Patru linguriţe de sos de soia închis la culoare
- Două căni de orez fiert
- Două linguri de ceapă primăvară tocată

**INSTRUCŢIUNI:**
a) Luaţi o tigaie mare.
b) Încinge uleiul într-o tigaie.
c) Adăugaţi usturoiul tocat în tigaie.
d) Adăugaţi puiul, vinul de orez şi soia în tigaie.
e) Gatiti bine amestecul timp de aproximativ zece minute pana cand sunt prajiti.
f) Adăugaţi în tigaie piper Sichuan, ardei iute roşu, sos de soia închis, piper negru şi sare.
g) Gătiţi bine ingredientele timp de aproximativ cincisprezece minute.
h) Împărţiţi orezul în două boluri.
i) Adăugaţi amestecul deasupra.
j) Ornaţi vasul cu ceapă primăvară tocată.
k) Felul tău de mâncare este gata să fie servit.

# Hrana vietnameza de confort

## 74.Bol de orez Banh Mi

**INGREDIENTE:**
- Două căni de orez fiert
- O lingurita de sos de peste
- O cană de varză mărunțită
- O cană de ceapă verde tocată
- Două linguri de coriandru tocat
- O cană de bucăți de muschi de porc
- O cană de legume murate
- Două linguri de ulei de măsline
- O ceașcă de maia sriracha
- Sarat la gust
- Piper negru după gust

**INSTRUCȚIUNI:**
a) Luați o tigaie.
b) Adăugați uleiul în tigaie.
c) Adăugați carnea de porc, sare și piper negru.
d) Gatiti bine aproximativ zece minute.
e) Dați mâncare când este gata.
f) Împărțiți orezul în două boluri.
g) Adăugați deasupra carnea de porc, legumele murate, maiaua sriracha și restul ingredientelor.
h) Decorați cu coriandru deasupra.
i) Felul tău de mâncare este gata să fie servit.

## 75.Carne de vită și orez crocant

**INGREDIENTE:**
- Două căni de orez brun fiert
- O cană de sos sriracha
- O lingură de sos de pește
- O cană de fâșii de vită gătite
- O lingură de oțet de orez
- Sarat la gust
- Piper negru după gust
- Două linguri de sos de soia
- O lingurita de usturoi zdrobit
- Două linguri de ulei de gătit

**INSTRUCȚIUNI:**
a) Se adauga uleiul intr-o tigaie.
b) Adăugați orezul fiert în tigaie.
c) Amesteca bine orezul.
d) Lasă-l să devină crocant.
e) Gatiti aproximativ zece minute.
f) Adăugați toate sosurile și condimentele în amestec.
g) Se amestecă bine ingredientele.
h) Adăugați orezul crocant într-un castron.
i) Adăugați carnea de vită fiartă deasupra orezului.
j) Felul tău de mâncare este gata să fie servit.

## 76.Bol cu orez cu pui și Sirarcha

**INGREDIENTE:**
- Două căni de orez brun fiert
- O cană de sos sriracha
- O lingură de sos de pește
- O cană de fâșii de pui
- O lingură de oțet de orez
- Sarat la gust
- Piper negru după gust
- Două linguri de sos de soia
- O lingurita de usturoi zdrobit
- Două linguri de ulei de gătit

**INSTRUCȚIUNI:**
a) Se adauga uleiul intr-o tigaie.
b) Adăugați usturoiul în tigaie.
c) Amesteca bine usturoiul.
d) Lasă-l să devină crocant.
e) Adăugați bucățile de pui.
f) Adăugați toate sosurile și condimentele în amestec.
g) Se amestecă bine ingredientele.
h) Împărțiți orezul fiert între două boluri.
i) Adăugați puiul fiert deasupra orezului.
j) Felul tău de mâncare este gata să fie servit.

## 77.Bol cu tăiței de vită cu iarbă de lămâie

**INGREDIENTE:**
- Două căni de tăiței
- Două căni de apă
- O lingurita de sos de peste
- O cană de ceapă
- O cană de apă
- Două linguri de usturoi tocat
- Două linguri de ghimbir tocat
- Jumătate de cană de coriandru
- Două linguri de lemongrass uscată
- Două linguri de ulei de măsline
- O cană de supă de vită
- O cană de fâșii de vită
- O cana de rosii tocate

**INSTRUCȚIUNI:**
a) Luați o tigaie.
b) Adăugați uleiul și ceapa.
c) Gatiti ceapa pana devine moale si aromata.
d) Adăugați usturoiul tocat și ghimbirul.
e) Gatiti amestecul si adaugati rosiile in el.
f) Adăugați condimentele.
g) Adăugați în ea fâșiile de vită, bulionul de vită și sosul de pește.
h) Amestecați ingredientele cu grijă și acoperiți tava.
i) Gatiti zece minute.
j) Luați o tigaie cu sos.
k) Adăugați apa în tigaie.
l) Adăugați tăițeii și gătiți bine timp de aproximativ zece minute.
m) Împărțiți tăițeii în două boluri.
n) Adăugați amestecul de carne de vită și coriandru deasupra.
o) Felul tău de mâncare este gata să fie servit.

## 78.Bol cu orez glazurat cu pui

## INGREDIENTE:
- Două linguriţe de vin de orez
- Un sfert de lingurita de sos de peste
- Piper negru
- Sare
- O lingură de ghimbir tocat
- O lingură de sos de stridii
- O lingură de sos de soia uşor
- Jumatate de cana de ceapa primavara tocata marunt
- Două linguriţe de ulei de susan
- Patru linguriţe de sos de soia închis la culoare
- Două căni de bucăţi de pui glazurate
- Două căni de orez fiert

## INSTRUCŢIUNI:
a) Luaţi o tigaie mare.
b) Adăugaţi ghimbirul tocat în tigaie.
c) Adăugaţi vinul de orez în tigaie.
d) Gatiti bine amestecul timp de aproximativ zece minute pana cand sunt prajiti.
e) Adăugaţi în tigaie sos de peşte, sos de soia închis, sos de stridii, sos uşor de soia, piper negru şi sare.
f) Gătiţi bine ingredientele timp de aproximativ cincisprezece minute.
g) Adăugaţi orezul în două boluri.
h) Adăugaţi amestecul fiert deasupra.
i) Adăugaţi bucăţile de pui glazurate deasupra.
j) Felul tău de mâncare este gata să fie servit.

## 79.Usturoi Creveți Vermicelli

**INGREDIENTE:**
- O cană de vermicelli de orez
- O lingurita de sos de peste
- O cană de ceapă
- O cană de apă
- Două linguri de usturoi tocat
- Două linguri de ghimbir tocat
- Jumătate de cană de coriandru
- Două linguri de ulei de gătit
- O cană de bucăți de creveți
- O cană de supă de legume
- O cana de rosii tocate

**INSTRUCȚIUNI:**
a) Luați o tigaie.
b) Adăugați uleiul și ceapa.
c) Gatiti ceapa pana devine moale si aromata.
d) Adăugați usturoiul tocat și ghimbirul.
e) Gatiti amestecul si adaugati rosiile in el.
f) Adăugați condimentele.
g) Adăugați bucățile de creveți în el.
h) Amestecați ingredientele cu grijă și acoperiți tava.
i) Adăugați vermicelli de orez, sosul de pește și restul ingredientelor.
j) Gatiti zece minute.
k) Împărțiți-l în două boluri.
l) Adăugați coriandru deasupra.
m) Felul tău de mâncare este gata să fie servit.

## 80.Bol cu găluște de pui cu tăiței

**INGREDIENTE:**
- O lingură de sos de soia ușor
- Jumatate de cana de ceapa primavara tocata marunt
- Două lingurițe de ulei de susan
- Patru lingurițe de sos de soia închis la culoare
- Două căni de găluște de pui la abur
- Două căni de tăiței fierți
- Două lingurițe de vin de orez
- Un sfert de lingurita de sos de peste
- Piper negru
- Sare
- O lingură de ghimbir tocat
- O lingură de sos de stridii

**INSTRUCȚIUNI:**
a) Luați o tigaie mare.
b) Adăugați ghimbirul tocat în tigaie.
c) Adăugați vinul de orez în tigaie.
d) Gatiti bine amestecul timp de aproximativ zece minute pana cand sunt prajiti.
e) Adăugați în tigaie sos de pește, sos de soia închis, sos de stridii, sos ușor de soia, piper negru și sare.
f) Gătiți bine ingredientele timp de aproximativ cincisprezece minute.
g) Adăugați tăițeii în două boluri.
h) Adăugați amestecul fiert deasupra.
i) Adăugați găluștele de pui deasupra.
j) Felul tău de mâncare este gata să fie servit.

## 81.Bol cu orez cu pui

## INGREDIENTE:
- Două linguri de usturoi tocat
- Două linguri de ghimbir tocat
- Jumătate de cană de coriandru
- Două linguri de ulei de gătit
- O cană de supă de pui
- O cană de bucăți de pui
- O cana de rosii tocate
- Două căni de orez
- Două căni de apă
- O lingurita de sos de peste
- O cană de ceapă
- O cană de apă

## INSTRUCȚIUNI:
a) Luați o tigaie.
b) Adăugați uleiul și ceapa.
c) Gatiti ceapa pana devine moale si aromata.
d) Adăugați usturoiul tocat și ghimbirul.
e) Gatiti amestecul si adaugati rosiile in el.
f) Adăugați condimentele.
g) Adăugați bucățile de pui, bulionul de pui și sosul de pește în el.
h) Amestecați ingredientele cu grijă și acoperiți tava.
i) Gatiti zece minute.
j) Luați o tigaie cu sos.
k) Adăugați apa în tigaie.
l) Adăugați orezul și gătiți bine timp de aproximativ zece minute.
m) Împărțiți orezul în două boluri.
n) Adăugați amestecul de pui și coriandru deasupra.
o) Felul tău de mâncare este gata să fie servit.

## 82.Bol cu orez picant cu carne de vită

**INGREDIENTE:**
- Jumătate de cană de coriandru
- Două linguri de ardei iute roșu
- Două linguri de ulei de măsline
- O cană de supă de vită
- O cană de fâșii de vită
- O cana de rosii tocate
- Două căni de orez brun
- Două căni de apă
- O lingurita de sos de peste
- O cană de ceapă
- O cană de apă
- Două linguri de usturoi tocat
- Două linguri de ghimbir tocat

**INSTRUCȚIUNI:**
a) Luați o tigaie.
b) Adăugați uleiul și ceapa.
c) Gatiti ceapa pana devine moale si aromata.
d) Adăugați usturoiul tocat și ghimbirul.
e) Gatiti amestecul si adaugati rosiile in el.
f) Adăugați condimentele.
g) Adăugați în ea fâșiile de vită, ardeiul iute roșu, bulionul de vită și sosul de pește.
h) Amestecați ingredientele cu grijă și acoperiți tava.
i) Gatiti zece minute.
j) Luați o tigaie cu sos.
k) Adăugați apa în tigaie.
l) Adăugați orezul brun și gătiți bine timp de aproximativ zece minute.
m) Împărțiți orezul brun în două boluri.
n) Adăugați amestecul de carne de vită și coriandru deasupra.
o) Felul tău de mâncare este gata să fie servit.

## 83.Bol cu pui caramelizat

## INGREDIENTE:
- Jumatate de cana de ceapa primavara tocata marunt
- Două linguriţe de ulei de susan
- Patru linguriţe de sos de soia închis la culoare
- Două căni de bucăţi de pui fierte
- Două linguri de zahăr
- Două căni de orez fiert
- Două linguriţe de vin de orez
- Un sfert de lingurita de sos de peste
- Piper negru
- Sare
- O lingură de ghimbir tocat
- O lingură de sos de stridii
- O lingură de sos de soia uşor

## INSTRUCŢIUNI:
a) Luaţi o tigaie mare.
b) Adăugaţi ghimbirul tocat în tigaie.
c) Adăugaţi vinul de orez în tigaie.
d) Gatiti bine amestecul timp de aproximativ zece minute pana cand sunt prajiti.
e) Adăugaţi în tigaie sos de peşte, sos de soia închis, sos de stridii, sos uşor de soia, piper negru şi sare.
f) Gătiţi bine ingredientele timp de aproximativ cincisprezece minute.
g) Daţi mâncare când este gata.
h) Adăugaţi zahărul în tigaie şi lăsaţi-l să se topească.
i) Adăugaţi bucăţile de pui fierte şi amestecaţi bine.
j) Gatiti cinci minute.
k) Adăugaţi orezul în două boluri.
l) Adăugaţi amestecul fiert deasupra.
m) Adaugam deasupra puiul caramelizat.
n) Felul tău de mâncare este gata să fie servit.

# MÂNCARE TAILANDEZĂ CONFORTĂ

## 84. Thai Arahide Cocos Conopida Naut Curry

**INGREDIENTE:**
- Ulei de cocos: ½ lingură
- Căței de usturoi: 3, tocați
- Ghimbir proaspăt: 1 lingură, ras
- Morcov mare: 1, feliat subțire
- Conopidă: 1 cap mic (3-4 căni)
- Ceapa verde: 1 legatura, taiata cubulete
- Lapte de cocos: 1 cutie (lite) (15 uncii)
- Supa sau apă vegetariană: 1 treime cană
- Pastă de curry roșu: 2 linguri
- Unt de arahide (sau unt de caju): 2 linguri
- Sos de soia fără gluten sau aminoacizi de nucă de cocos: ½ lingură
- Turmeric măcinat: ½ linguriță
- ardei cayenne roșu măcinat: ½ linguriță
- Sare: ½ lingurita
- Ardei roșu: 1 (tăiat în julienne)
- Naut: 1 cutie (15 uncii) (clatit si scurs)
- Mazare congelata: ½ cana
- Pentru a ornat:
- Coriandru proaspăt
- Ceapa verde
- Arahide sau caju, tocate

**INSTRUCȚIUNI:**
a) Încinge o oală mare. Gatiti uleiul de cocos, usturoiul si ghimbirul timp de 30 de secunde inainte de a adauga ceapa verde, morcovul si buchetelele de conopida.
b) Apoi, amestecați laptele de cocos, sosul de soia/aminoacizii de nucă de cocos, apa, turmeric, untul de arahide, ardeiul de cayenne roșu, pasta de curry și sare.
c) Apoi adăugați ardeiul gras și năutul și gătiți timp de 10 minute.
d) Se amestecă mazărea congelată și se fierbe încă un minut.
e) Adăugați arahide/caju tocate, ceapa verde și coriandru pentru ornat.

## 85.Dovlecei prăjiți și ouă

**INGREDIENTE:**
- Dovlecei: 1, curatati si taiati cubulete
- Ouă: 2
- Apă: 2 linguri
- Sos de soia: 1 lingura
- Sos de stridii: ½ lingură
- Usturoi tocat fin: 2 catei
- Zahăr: ½ lingură

**INSTRUCȚIUNI:**
a) Într-un wok, încălziți 2 linguri de ulei de gătit la foc mare.
b) Adăugați căței de usturoi tăiați și prăjiți aproximativ 15 secunde.
c) Adaugati 1 dovlecel curatat si taiat cubulete si prajiti 1 minut cu usturoiul.
d) Mutați dovleceii pe o parte a wok-ului și spargeți 2 ouă în partea limpede. Ouăle se amestecă câteva secunde înainte de a fi combinate cu dovleceii.
e) Într-un wok, combinați ½ lingură de zahăr, 1 lingură de sos de soia, ½ linguriță de sos de stridii și 2 linguri de apă.
f) Se prăjește încă 2-3 minute, sau până când dovleceii s-au înmuiat și au absorbit aroma sosului. Apoi serviți cu o parte de orez aburit.

## 86.Veggie Pad Thai

**INGREDIENTE:**
**PENTRU PAD THAI:**
- Taitei lati de orez: 200 grame (7 oz)
- Ulei de arahide: 2 linguri
- Cepe primare: 2, feliate
- Căței de usturoi: 1-2 (tăiați fin)
- ardei iute roșu: 1 (tăiat fin)
- Broccoli mic: ½ (tăiat în buchete)
- Ardei roșu: 1 (tăiat fin)
- Morcovi: 2 (rași în panglici cu un curățător rapid)
- Arahide prăjite și nesărate: ¼ cană (30 de grame, zdrobite)
- Coriandru proaspăt: 1 mână (pentru ornat)
- Lime: 1 pentru a servi

**PENTRU SOS:**
- Sos de soia fara gluten: 5 linguri
- Sirop de arțar: 2-3 linguri (ajustați după gust)

**INSTRUCȚIUNI:**
a) Gătiți tăițeii de orez, scurgeți, apoi amestecați cu puțin ulei pentru a nu se lipi și lăsați deoparte.
b) Intr-o tigaie se incinge 1 lingura de ulei.
c) Adăugați ceapa primăvară, usturoiul și chili și continuați să amestecați până când se simte parfumat.
d) Puneți într-un castron separat de servire.
e) În același wok/tigaie se încălzește încă o lingură de ulei și se prăjește broccoli pentru aproximativ 2 minute.
f) Se amestecă ardeiul roșu și panglicile de morcovi până când sunt fierte, dar încă crocante.
g) Puneți toate legumele într-un bol separat.
h) Într-o ceașcă mică, combinați toate ingredientele pentru sos si toarna sosul in fundul wok/tigaii.
i) Adăugați tăițeii și amestecați-i cu sosul. Amestecați ceapa de primăvară, ardeii iute, usturoiul și legumele prăjite și lăsați-l să se încălzească timp de un minut sau 2.
j) Serviți în farfurii cu arahide zdrobite, coriandru proaspăt și suc de lămâie, dacă doriți.

# 87.Cartofi zdrobiți cu Chile în stil thailandez

## INGREDIENTE:
- Ulei de măsline: 4 linguri
- Cartofi mici noi sau Yukon gold: 2 lire de sare Kosher
- Sos de peste: 2 linguri
- Suc de lime: 2 linguri
- Oțet de orez: 2 linguri
- Fresno tocat sau chile serrano: 1 lingură sau roșu
- fulgi de piper: ½ linguriță (plus mai mult după gust)
- Sos de soia sau tamari: 1 lingurita
- Zahăr granulat: 1 linguriță
- Catel de usturoi: 1, ras
- Coriandru proaspăt tocat grosier: ¼ cană
- Ceapă verde tăiată felii subțiri: ¼ cană (părți albe și verzi)

## INSTRUCȚIUNI:
a) Preîncălziți cuptorul la 450 de grade Fahrenheit.
b) Ungeți tava peste tot cu 1 lingură ulei de măsline.
c) Fierbeți cartofii cu 1 inch și 2 linguri de sare într-o oală mare.
d) Continuați să gătiți, descoperit, 15 până la 18 minute, sau până când cartofii sunt fragezi la furculiță. Scurgeți cartofii fierți într-o strecurătoare.
e) Între timp, combinați într-o ceașcă mică sosul de pește, sosul de soia, sucul de lămâie, chile, oțetul de orez, zahărul și usturoiul, apoi adăugați ceaiul verde și coriandru.
f) Pune cartofii pe tava foaie pregătită.
g) Zdrobiți ușor fiecare cartof cu fundul unei căni de măsurat până când are o grosime de aproximativ ½ inch. Stropiți restul de 3 linguri de ulei de măsline peste cartofi și răsturnați pentru a acoperi ambele părți uniform.
h) Se prăjește timp de 30 până la 40 de minute, până când devine maro auriu și crocant, după ce se condimentează cu ½ linguriță de sare.
i) Pune cartofii pe un platou de servire, asezoneaza usor cu sare si toarna peste ei sosul. Serviți imediat, ornat cu frunze de coriandru.

## 88. Spaghetti Squash Pad Thai

**INGREDIENTE:**
**PENTRU SOS:**
- Tamari/sos de soia: 3 linguri
- Sos dulce de chili: 3 linguri
- Oțet de vin de orez: 1 lingură

**PENTRU PAD THAI:**
- Dovleac spaghetti: 1 mediu
- Ulei de măsline extravirgin: (pentru stropire)
- Sare de mare: (pentru condiment)
- Ulei de arahide prăjite: 2 linguri
- Tofu extra ferm: 14 uncii (scurcat, presat și tăiat cuburi)
- Amidon de porumb: 2 linguri
- Broccoli: 1 cap mic (doar buchețele și tocate)
- Ceapa verde: 5, feliate
- Căței de usturoi: 3 medii, tocați
- Germeni de fasole: 1 cană plină

**PENTRU SERVIRE:**
- Sriracha
- Arahide prăjite: (zdrobite)
- felii de lime
- Coriandru proaspăt, tocat

**INSTRUCȚIUNI:**
a) Preîncălziți cuptorul la 400 de grade Fahrenheit.
b) Răzuiți semințele de pe dovlecei spaghetti tăind-o în ½ pe lungime. Stropiți cu ulei de măsline, asezonați cu sare și puneți partea tăiată în sus pe tava de copt.
c) Se prăjește timp de 1 oră sau până când se înmoaie în furculiță. Turnați orice lichid rămas, apoi răzuiți dovleceii spaghetti în fire cu o furculiță. Pune-o deoparte.
d) Creați sosul între timp: într-un castron mic, combinați toate ingredientele și amestecați pentru a se combina. Pus deoparte.
e) La foc mediu, încălziți o tigaie mare. Aruncați tofu în amidonul de porumb într-un bol de amestecare. Gatiti tofu in tigaia cu uleiul de arahide pana devine auriu.
f) Adăugați broccoli și gătiți timp de 3 minute.
g) Combinați mugurii de fasole, ceaiul verde, dovleceii spaghetti și usturoiul într-un castron mare.
h) Amestecați sosul pentru a acoperi uniform tăițeii.
i) Serviți cu felii de lime, alune, sriracha și coriandru în parte.

## 89. Galuste aburite cu ciuperci Shiitake

**INGREDIENTE:**
- Ambalaje pentru găluște: 1 pachet (rotund și congelat)
- Frunza de banan: 1

**PENTRU Umplutura:**
- Ciuperci Shitake: 3 căni (proaspete și feliate)
- Tofu: 1 cană (cuburi, mediu ferm)
- Galangal: bucată de 1-2 inci (sau ghimbir feliat)
- Usturoi: 3-4 catei
- Cepe primare: 2, feliate
- Coriandru: ½ cană (frunze și tulpini) (proaspăt și tocat)
- Piper alb: ¼ lingurita
- Sos de soia: 3 linguri
- Ulei de susan: 2 linguri
- Sos chili: 1 lingurita (sau mai mult daca vrei sa fie picant)
- Supa vegetariană de pui/suport de legume: ¼ cană

**PENTRU GĂLUSTE:**
- Amidon de porumb/făină: 1-2 linguri
- Sos de soia: pentru ornat

**INSTRUCȚIUNI:**

a) Lăsați cel puțin 30 de minute pentru ca frunza de banană să se dezghețe.

b) Tapetați un aparat de abur cu 1 sau 2 straturi de frunze de banană.

c) Într-un robot de bucătărie, combinați toate ingredientele de umplutură și procesați până se toacă foarte fin, dar nu o pastă.

d) Puneți 6 învelișuri de găluște pe o suprafață de lucru curată deodată. Pregătiți un castron mic cu apă pentru a sigila găluștele.

e) Așezați 1 linguriță de umplutură în centrul fiecărui înveliș.

f) Apoi umeziți exteriorul ambalajului cu degetele (sau o pensulă de patiserie) înmuiată în apă.

g) Pentru a închide ambalajul, aduceți părțile laterale în sus peste umplutură și apăsați împreună. Pentru a face o margine decorativă, prindeți de-a lungul cusăturii.

h) Găluștele se fierb imediat la abur sau se acoperă și se dau la rece până la 3 ore.

i) Găluștele se fierb la abur, se pun într-un cuptor tapetat cu frunze de banană (se pot atinge) și se fierb la abur timp de 15 până la 20 de minute, până când ciupercile sunt gătite.
j) Se amestecă cu sos de soia și sos chili înainte de servire.

# 90. Thai Tofu Satay

**INGREDIENTE:**
**SATAY**
- Tofu ferm: 14 oz (congelat și dezghețat)
- Lapte de cocos plin de grăsime: ¼ cană
- Căței de usturoi: 3, tocați
- Ghimbir: 2 lingurite, ras
- Pastă de curry: 1 lingură
- Sirop de arțar: 1 lingură
- Sos de soia cu conținut scăzut de sodiu: 2 linguri
- Frigarui de bambus: zece
- Coriandru: după gust
- Lime: după gust
- Arahide: pentru ornat, tocate

**SOS DE ARAIDE**
- Unt de arahide cremos: ¼ cană
- Apă caldă: 2 linguri
- Pastă de curry: 1 lingură
- Sirop de arțar: 1 lingură
- Sos de soia: ½ lingură
- Oțet de orez: ½ lingură
- Suc de lămâie: 1 lingură
- Usturoi: ½ lingurita, tocat
- Ulei de susan: ½ linguriță
- Sriracha: ½ lingură

**INSTRUCȚIUNI:**

a) Într-un castron, combinați ingredientele pentru marinată , apoi adăugați tofu dezghețat și amestecați ușor pentru a acoperi toate bucățile.
b) Preîncălziți cuptorul la 400 de grade Fahrenheit. Rupeți tofuul marinat în bucăți mici și puneți-le pe frigărui.
c) Coaceți timp de 30-35 de minute pe o foaie de copt tapetată cu pergament, răsturnând pe jumătate.
d) Porniți broilerul timp de 4-5 minute, la final, pentru a permite frigăruilor să se crocante și să crească marginile carbonizate (nu arde!).
e) Într-o ceașcă mică, amestecați toate ingredientele pentru sosul de arahide până la omogenizare.
f) Serviți satay stropit cu sos și ornat cu coriandru tocat și alune.

# 91. Taitei Thai prajiti cu legume

**INGREDIENTE:**
- Taitei de grau in stil chinezesc: 5-8 uncii (sau taitei cu ou)
- Ulei vegetal: 2-3 linguri (pentru prajit)
- Căței de usturoi: 4, tocați
- Galanga/ghimbir: 2-3 linguri, ras
- Șolă/ceapă mov: ¼ cană, tocată
- Morcov: 1, feliat
- Ciuperci Shiitake: 5-8, feliate
- Broccoli: 1 cap mic (tocat in buchete)
- Ardei roșu: 1 mic, feliat
- Germeni de fasole: 2 căni
- Garnitura: coriandru/busuioc proaspat
- Sos prajit:
- Suc proaspăt de lămâie: 3 linguri (sau mai multe după gust)
- Sos de soia: 3 linguri (sau mai multe dupa gust)
- Sos de peste: 1 lingura (sau mai mult dupa gust)
- Oțet de orez: 3 linguri (sau oțet de vin alb)
- Sos de stridii: 3 linguri
- Lingurițe de zahăr: 1 și ½-2 lingurițe (sau mai multe după gust)
- Piper alb: ¼ de lingură
- Chili uscat zdrobit: ½ - ¾ lingurita (sau mai mult dupa gust)

**INSTRUCȚIUNI:**

a) Gătiți tăițeii până când sunt al dente în apă ușor sărată, scurgeți și clătiți cu apă rece.
b) Într-o ceașcă, combinați toate ingredientele pentru sosul de prajit, amestecând bine pentru a se topi zahărul. Pus deoparte.
c) La foc mediu-mare, încălziți un wok sau o tigaie mare.
d) Se prăjește usturoiul, eșapa și ghimbirul timp de 1 minut în ulei.
e) Adăugați morcovii și 1 până la 2 linguri de sos pentru prăjit pe care l-ați făcut mai devreme.
f) Se prăjește până când morcovii se înmoaie ușor.
g) Adăugați 3 până la 4 lingurițe de sos prajit plus ardei roșu, broccoli și ciuperci.
h) Continuați să prăjiți până când ciupercile și ardeiul roșu se înmoaie, iar broccoli devine verde strălucitor, dar încă crocant.
i) Combinați tăițeii și sosul de prajit rămas într-un castron mare.
j) Încorporați mugurii de fasole în ultimul minut de gătit.
k) Serviți imediat în boluri sau farfurii cu coriandru proaspăt sau busuioc presărat deasupra.

## 92. Taitei de orez thailandez cu busuioc

### INGREDIENTE:
- Fidea de orez thailandez: 6-10 uncii
- Ulei vegetal: 2 linguri (pentru prajit)

### PENTRU GARNITURILE:
- 1 mână busuioc: pentru ornat, proaspăt
- 1 mână de caju: pentru ornat (tocate/măcinate)

### PENTRU SOS DE BUSIOCUL:
- Busuioc: ½ cană, proaspăt
- Caju uscate: ⅓ cană (prăjite uscate și nesărate)
- Căței de usturoi: 3-4
- Ulei de nucă de cocos/măsline: 4 linguri
- Suc de lămâie: 1 lingură (proaspăt stors)
- Sos de peste/sos de soia pentru vegetarieni: 1 lingura
- 1 chili: optional

### INSTRUCȚIUNI:
a) Aduceți apa la fiert într-o oală, luați-o de pe foc și adăugați tăițeii.
b) Când faceți sosul, înmuiați tăițeii.
c) Taiteii trebuie apoi scursi si clatiti cu apa rece pentru a evita lipirea.
d) Într-un mini-tocător, combinați toate ingredientele pentru sosul de busuioc și amestecați toate împreună.
e) La foc mediu-mare, turnați uleiul într-o tigaie mare și amestecați-l înainte de a adăuga tăițeii.
f) Adăugați 2 linguri de sos sau până când se obține moliciunea dorită.
g) Scoateți tigaia de pe foc. Adăugați sosul rămas pentru a-l dispersa uniform.
h) Serviți cu o stropire de busuioc proaspăt și caju tocate sau măcinate.

## 93.Orez prajit cu ananas

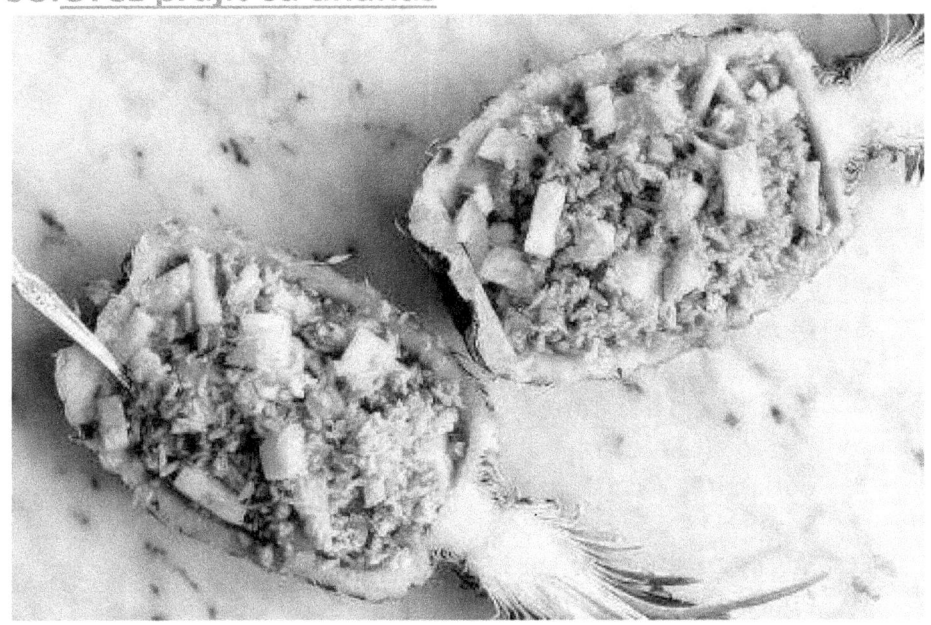

**INGREDIENTE:**
- Bucăți de ananas: 1 cutie mică, bucăți de ananas scurs/proaspăt: 1 cană și ½
- Orez fiert: 3-4 căni (prefer câteva zile)
- Stof de legume/de pui artificial: ¼ cană
- Șoale: 2 (tocate mărunt)
- catei de usturoi: 3 (tocati marunt)
- Chili roșu sau verde: 1, feliat subțire
- Mazare congelata: ½ cana
- Morcov: 1 mic, ras
- Coacăze/stafide: ¼ cană
- Caju întregi nesărate: ½ cană (prăjite)
- Cepe: 3 (tăiate fin)
- Coriandru: ⅓ cană, proaspăt
- Sos prajit:
- Sos de soia: 3 linguri
- Pudră de curry: 2 lingurițe
- Zahăr: ½ linguriță

**INSTRUCȚIUNI:**
a) Se amestecă 1 lingură de ulei cu orezul, rupând orice cocoloașe cu vârful degetelor și se lasă deoparte.
b) Combinați sosul de soia și pudra de curry într-o ceașcă și amestecați pentru a se combina.
c) Într-o tigaie wok/mare la foc mediu-mare, stropiți 1-2 linguri de ulei.
d) Se amestecă ardeiul iute, usturoiul și eșalota până când sunt parfumate, aproximativ 1 minut.
e) Se amestecă mazărea și morcovii.
f) Combinați bucățile de ananas, orezul, coacăzele, mazărea și caju într-un castron.
g) Stropiți deasupra amestecul de pește/sos de soia cu praful de curry și prăjiți-l timp de 5 până la 8 minute.
h) Opriți arzătorul. Gustați și ajustați aromele.
i) Să presupunem că servim la o petrecere, într-un ananas tăiat). Serviți cu coriandru și ceapă primăvară și DISFRUȚI-VĂ!

## 94.Orez thailandez cu nucă de cocos

**INGREDIENTE:**
- Ulei de cocos/ulei vegetal: ½ linguriță
- Orez alb cu iasomie thailandeză: 2 căni (clătit bine)
- Lapte de cocos: 2 cesti (conserve)
- Sare: ½ lingurita
- Cani de apa: 1 ¾ cani

**INSTRUCȚIUNI:**
a) Într-o oală adâncă, frecați uleiul peste margine.
b) Într-o oală mare, combinați orezul, sarea, laptele de cocos și apa.
c) Opriți amestecarea până când lichidul a început să barbote ușor.
d) Acoperiți strâns cu un capac și gătiți până când orezul a absorbit cea mai mare parte din lichid.
e) Trageți orezul deoparte cu o furculiță pentru a vedea dacă este fiert.
f) Mai gătiți câteva minute la abur dacă mai rămân multe lichide. Opriți focul când lichidul este g1.
g) Ține oala acoperită pe arzătorul fierbinte încă 5 până la 10 minute, sau până când ești gata de mâncare, cu căldura oprită.
h) Gustați de sare și, dacă este necesar, mai adăugați un praf. Combină orezul cu mâncărurile tale preferate pentru o masă delicioasă.

## 95.Orez galben thailandez

**INGREDIENTE:**
- Ulei vegetal: 2 linguri
- Ceapa: ¼ cana (tocata marunt)
- Căței de usturoi: 3, tocați
- Fulgi de chili: ⅛-¼ lingurițe (sau piper cayenne)
- Ardei roșu: ¼ cană, tăiat cubulețe
- Roșii Roma: 1, tăiate cubulețe
- Orez alb iasomie thailandez: 2 cani (orez alb basmati, nefiert)
- Supa de pui: 4 cani
- Lime: 1, suc
- Sos de peste: 2 linguri (sau sos de soia)
- Turmeric: ½ linguriță
- Șofran: ⅓-¼ de linguriță
- Mazare congelata: ¼ cana
- Sarat la gust
- Busuioc proaspăt: o mână, pentru ornat

**INSTRUCȚIUNI:**
a) Preîncălziți o oală mare la foc mare.
b) Se toarnă uleiul și se învârte bine.
c) După aceea, puneți chili, ceapa și usturoiul.
d) După aceea, adăugați roșia și ardeiul roșu.
e) Se amestecă orezul pentru a-l acoperi uniform.
f) Apoi adăugați bulionul și ridicați focul la mare.
g) Combinați sosul de pește, șofranul (dacă este folosit), turmericul și sucul de lămâie într-un castron mare. Amestecați totul bine.
h) Lăsați 15 până la 20 de minute pentru ca orezul să se gătească.
i) Scoateți capacul și adăugați mazărea, amestecând ușor orezul pe măsură ce mergeți.
j) Puneți la loc capacul și lăsați orezul să stea cel puțin 10 minute.
k) Scoateți capacul de pe orez și pufăiți cu o furculiță sau betisoare. Gustați și asezonați cu un praf de sare dacă este necesar.
l) Se ornează cu o crenguță de busuioc proaspăt.

## 96.Vinete prajite

**INGREDIENTE:**
**PENTRU SOS**
- Sos de soia: 1 lingură și jumătate
- Sos de stridii vegetarian: 2 linguri
- Zahăr brun: 1 linguriță
- Amidon de porumb: 1 lingurita
- Apă: 2 linguri

**PENTRU VINETE**
- Ulei: 2-3 linguri (pentru prajit)
- Ceapa: ½ (ar prefera ceapa mov)
- catei de usturoi: 6 (tocati, impartiti)
- Ardei iute roșu: 1-3
- Vinete chinezești japoneze: 1 mare/2 mai subțiri
- Apă: ¼ cană (pentru prăjire)
- Sos de soia: 2 linguri
- Busuioc proaspăt: ½ cană (divizată)
- Arahide/caju: ¼ cană (prăjite uscat, tocate)

**INSTRUCȚIUNI:**

a) Combinați toate ingredientele pentru sos, cu excepția amidonului de porumb și a apei, într-un bol de amestecare.
b) Într-o ceașcă sau un castron separat, combinați amidonul de porumb și apa. Pus deoparte.
c) Tăiați vinetele în bucăți mici.
d) La foc mediu-mare, adăugați 2 până la 3 linguri de ulei într-un wok sau într-o tigaie mare. Apoi adăugați jumătate din usturoi, ceapă, ardei iute și vinete într-un castron.
e) Adăugați 2 linguri de sos de soia și continuați să prăjiți până când vinetele sunt moi și pulpa albă este aproape translucidă.
f) Se adauga restul de usturoi si sosul pana vinetele sunt fragede.
g) Acum adăugați amestecul de amidon de porumb-apă. Amestecați constant pentru a vă asigura că sosul se îngroașă uniform. Scoateți tigaia de pe foc.
h) Dacă vasul nu este suficient de sărat, adăugați sos de soia sau suc de lămâie/lime dacă este prea sărat.
i) Adăugați 3/4 din busuioc proaspăt și amestecați scurt pentru a se combina.
j) Așezați pe un platou de servire și acoperiți cu restul de busuioc și nuci tocate, dacă doriți.

## 97.Verzi prajite thailandeze

**INGREDIENTE:**
- Broccoli chinezesc: 1 buchet
- Sos de stridii: 3 linguri
- Apă: 2 linguri
- Sos de soia: 1 lingurita
- Zahăr: 1 linguriță
- Ulei: 1 lingura
- Căței de usturoi: 3, tocați

**INSTRUCȚIUNI:**
a) Clătiți bine broccoli și scuturați orice exces de apă.
b) Lăsați deoparte tulpinile, care trebuie tăiate în bucăți de 1 inch.
c) Tăiați frunzele în bucăți mici.
d) Combinați sosul de stridii, sosul de soia, apa și zahărul într-o ceașcă mică.
e) La foc mare, încălziți un wok sau o tigaie mare. Rotiți uleiul în jur.
f) Se amestecă usturoiul pentru câteva secunde.
g) Se amestecă tulpinile și frunzele, însoțite de sos.
h) Se amestecă și se aruncă legumele frecvent până când frunzele sunt ofilite și tulpinile sunt fragede.

## 98.Spanac thailandez prăjit cu usturoi și alune

**INGREDIENTE:**
- Spanac proaspăt: 1 buchet mare
- catei de usturoi: 4 (tocati marunt)
- Chili roșu: 1
- Supra de legume: ¼ cană
- Sos de stridii/sos de stridii vegetarian: 2 linguri
- Sos de soia: 1 linguriță și jumătate
- Sherry: 1 lingura
- Zahăr brun: 1 linguriță
- Ulei de susan: 1 lingurita
- Ardei roșu: ½ (opțional, feliat subțire)
- Arahide sau caju: ¼ cană (tocate aproximativ, pentru topping)
- Ulei vegetal: 2 linguri

**INSTRUCȚIUNI:**
a) Combinați burta, sherry, sosul de stridii, zahărul brun și sosul de soia într-o ceașcă. Pus deoparte.
b) Scurgeți spanacul după ce îl clătiți.
c) La foc mediu-mare, încălziți un wok sau o tigaie mare.
d) Se amestecă cu 1 până la 2 linguri de ulei vegetal, apoi se adaugă usturoiul și chili (dacă se folosește).
e) Adăugați fulgii de ardei roșu (dacă folosiți).
f) Se amestecă spanacul pentru câteva secunde.
g) Se amestecă sosul de prăjit până când spanacul s-a fiert până la o culoare verde închis.
h) Se ia de pe foc și se gustă pentru a ajusta aromele.
i) Deasupra se stropesc ulei de susan si se presara deasupra nucile tocate.

## 99.Soia thailandeză în cupe de varză

## INGREDIENTE:
- Soia: 1 cană
- Ceapa: ¾ cana, tocata
- Usturoi: 2 lingurite, tocat
- Ardei iute verzi: 2 lingurițe (tocate)
- Sos de rosii: 2 linguri
- Coriandru: 3 linguri (tocat)
- Sos de soia: 2 linguri și jumătate
- Pastă de curry roșu thailandez: 1 lingură
- Germeni de fasole: ½ cană
- Arahide: optional
- Lămâie: ¾ suc
- Ceapă primăvară: după dorință
- Coriandru: tocat
- Fulgi de chili: după dorință

## INSTRUCȚIUNI:
a) Înmuiați boabele de soia timp de cel puțin ½ oră în apă. Se spală de 3-4 ori.
b) Acum stoarceți-le pentru a elimina toată apa.
c) Încinge 1 lingură de ulei într-un wok.
d) Gatiti ceapa tocata intr-o tigaie.
e) Pune usturoiul tocat și ardei iute verde,
f) Adăugați boabele de soia. Gatiti pana se evapora apa.
g) Adăugați sosul de roșii, pasta de curry roșu thailandez și sosul de soia.
h) Adăugați un praf de piper negru și continuați să gătiți. Acum adăugați ceapa primăvară și gătiți până când sunt crocante.
i) Adăugați ceapa de primăvară, coriandru, fulgi de chili și o mână de alune prăjite.
j) Stoarceți sucul de lămâie și gustați de sare.
k) Serviți cu căni mici de varză ca garnitură.

## 100.Cartofi dulci la cuptor thailandez și Ube

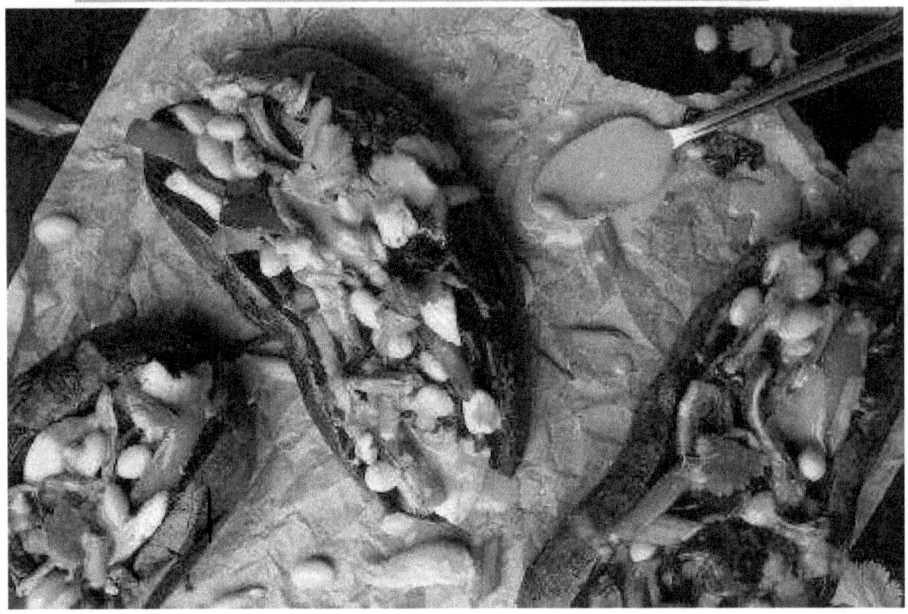

**INGREDIENTE:**
- Cartofi dulci: 2 (curățați și tăiați cuburi)
- Igname: 3-4 (violet, decojite și cuburi)
- Morcov mare: 1 (tocat/ feliat)
- Ulei de cocos/ulei vegetal: 3 linguri
- Piper Cayenne: ½ linguriță
- Chimen: ¼ lingurita
- Seminte de chimion: 1 lingurita (intregi)
- Sirop: 2 linguri (orez brun/sirop de artar)
- Sarat la gust
- Piper negru: dupa gust
- Coriandru: 1 mână (proaspăt tocat)
- Chili roșu: 1 tocat (opțional, pentru garnitură)

**INSTRUCȚIUNI:**
a) Preîncălziți cuptorul la 350 de grade Fahrenheit.
b) Într-o caserolă plată, combinați legumele tocate.
c) Presărați semințele de chimen, ardeiul cayenne și chimenul măcinat peste ulei.
d) Pentru a amesteca, amestecați totul bine.
e) Pune vasul la cuptor pentru 45 de minute după ce adaugă 3 linguri de apă.
f) Scoateți legumele din cuptor când sunt fragede. Adăugați untul (dacă este folosit) și stropiți peste sirop, lăsându-le în tava de copt.
g) Se condimentează cu sare și piper și se amestecă.
h) Gustați și adăugați mai multă sare dacă este necesar.
i) Decorați cu coriandru și chili (dacă folosiți).

# CONCLUZIE

Pe măsură ce încheiem călătoria noastră plină de căldură prin „GHIDUL ESENȚIAL DE ALIMENTE DE CONFORT ASIATIC", sperăm că ați experimentat aromele care vă mulțumesc sufletul și bogăția culturală a bucătăriei asiatice confortabile. Fiecare rețetă din aceste pagini este o sărbătoare a gusturilor, tehnicilor și influențelor reconfortante care fac din mâncarea asiatică reconfortantă o sursă de bucurie și nostalgie – o mărturie a deliciilor încântătoare care aduc mângâiere sufletului.

Indiferent dacă ați savurat bogăția supelor cu tăiței, ați îmbrățișat simplitatea mâncărurilor cu orez sau v-ați răsfățat cu dulceața deserturilor de inspirație asiatică, avem încredere că aceste rețete v-au aprins aprecierea pentru aromele diverse și profund satisfăcătoare ale gătitului confortabil asiatic. Dincolo de ingrediente și tehnici, „GHIDUL ESENȚIAL DE ALIMENTE DE CONFORT ASIATIC" poate deveni o sursă de inspirație, conexiune cu tradițiile culturale și o sărbătoare a bucuriei care vine cu fiecare mușcătură reconfortantă.

Pe măsură ce continuați să explorați lumea bucătăriei asiatice confortabile, acest ghid să fie însoțitorul dvs. de încredere, ghidându-vă printr-o varietate de rețete care prezintă căldura, bogăția și natura mulțumitoare a sufletului acestor mâncăruri îndrăgite. Iată pentru a savura confortul aromelor asiatice, a recrea mâncăruri pline de căldură și a îmbrățișa bucuria care vine la fiecare mușcătură. Gătit fericit!

www.ingramcontent.com/pod-product-compliance
Lightning Source LLC
Chambersburg PA
CBHW071334110526
44591CB00010B/1147